Die Sachsenkriege unter Heinrich IV. und Heinrich V.

von Dr. Hartmut Lauenroth

Herausgeber:
Förderverein für Kultur und Brauchtum im Mansfelder Land e. V.

ISBN: 978-3-938642-50-4

Land Sachsen-Anhalt

Sparkasse Mansfeld-Südharz

ROMONTA

Rainer vor der Straße (Seeburg)

Ralf Lauenroth (Lutherstadt Eisleben)

T&S Tautrim Bau GmbH

ETF Eislebener Tele - Funk - Kommunikationstechnik GmbH

ETF Eislebener Tele-Funk GmbH

MEINICKE GmbH

Pohl-Reisen Express

(Sittichenbach)

Spedition Günther Feige

Eduard Jantos (MdL) (Lutherstadt Eisleben)

Volks- und Raiffeisenbank Eisleben eG

Fischerhof am Kernersee

Hotel Graf von Mansfeld

Edgard Baron von Stromberg (Welfesholz)

NORDMANN REIT- UND SPORTHOTEL

VORWORT

Die vorliegende Publikation „Die Sachsenkriege unter Heinrich IV. und Heinrich V. – ein historischer Reiseführer“ stellt die Geschichte des 11. und 12. Jahrhunderts in unserer Region, dem heutigen Bundesland Sachsen-Anhalt, in einer völlig neuen Art vor. Wir unternehmen gewissermaßen eine kulturhistorische Reise in die Zeit der Sachsenkriege. Es wird der Zeitraum des Machtantritts Heinrich IV. im Jahre 1065 bis zur Eroberung der Reichsburg Kyffhausen 1118 durch den sächsischen Pfalzgrafen Friedrich I. (III.) von Sommerschenburg behandelt. Hierbei bringen wir dem historisch interessierten Leser die (noch vorhandenen) steinernen Zeugen sowie andere Sachzeugen aus der damaligen Zeit nahe. Auf dieser „historischen Zeitreise“ ist ein inhaltlicher Schwerpunkt die Politik des Burgenbaus der salischen Kaiser im Harz. Wir stellen die Harzburg, die Heimburg, die Lauenburg, den „alten“ Falkenstein, die Burg Volkenroth, die Spatenburg, die Hasenburg, den Sachsenstein u. a. Burgen vor.

Modell der Lauenburg

Heinrich IV.

Ferner arbeiten wir die wichtigsten Schlachten und Gefechte auf, d. h. unter anderen die Schlacht bei Homburg an der Unstrut 1075, die Schlacht bei Mellrichstadt 1078, die Schlacht bei Flarchheim 1080, die Schlacht an der Elster 1080, das Gefecht bei Warnstedt 1113 und die Schlacht am Welfesholz 1115. Hierbei skizzieren wir namhafte Teilnehmer, behandeln den Verlauf der Schlacht und verweisen auf ihre Bedeutung in der Auseinandersetzung zwischen Krone und Adel.

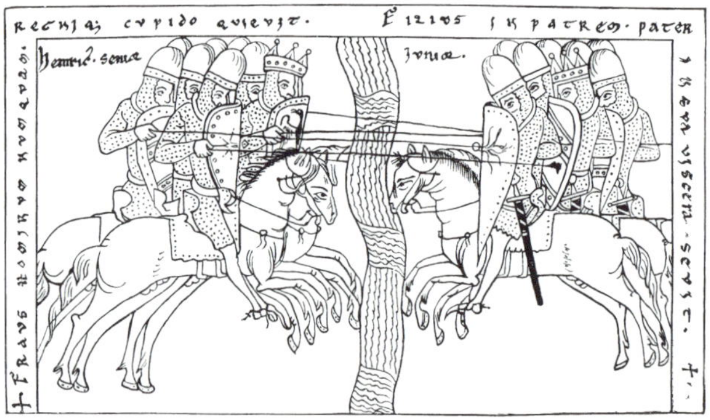

Reiterschlacht im Mittelalter

Neben den aus der Vergangenheit überkommenen Sachzeugen und der Aufzeigung der historischen Vorgänge stellen wir die Akteure der damaligen Zeit vor. Wir arbeiten ihre Parteinahme für oder gegen den Kaiser in diesem Konflikt zwischen Krone und Sachsen heraus und weisen ihnen den gehörigen Platz in unserer Landesgeschichte zu. Dies waren vor allem die Erzbischöfe von Magdeburg, die Bischöfe von Halberstadt, die sächsischen Pfalzgrafen, die Grafen der Nordmark, die Gaugrafen, die Askanier, die

Edelherren von Querfurt, die Wettiner, die Grafen von Süpplingenburg, die Grafen von Mansfeld, die Edelherren von Wippra, die Grafen von Seeburg u. a. Geschlechter.

Heinrich der Fünfte. 1106—1125.

Darüber hinaus wird die Zeit nach der Schlacht am Welfesholz, hier insbesondere die Brechung der kaiserlichen Burgen bzw. die seiner Parteigänger im Harzraum, beleuchtet. Die Eroberung und Zerstörung der kaiserlichen Burgen brach dem Kaiser das militärische Rückgrat im sächsischen Raum und bewirkte, dass die Zentralmacht für lange Zeit ihren Einfluss in unserer Region verlor. Zugleich führte dies zur Stärkung der Regionalfürsten und der Geschlechter, die für die Geschichte Sachsen-Anhalts prägend werden sollten (Anhalt, Querfurt, Wippra u. a.).

Den Text der o. g. Schwerpunkte lockern wir durch vielfältige Zeitdokumente, Abbildungen, Fotos, Karten, Schlachtpläne, historische Sachzeugen usw. auf. Ferner dokumentieren aktuelle Fotoaufnahmen den heutigen Zustand der historischen Orte. Überlieferte Sagen und Anekdoten sind zur Abrundung der Darstellung in den Text eingeflossen. Im Anhang ergänzen kleine Kurzbiographien der Akteure der damaligen Zeit den Text. Auch Land- und Übersichtskarten, die vom Autor speziell zu der o. g. Thematik entwickelt wurden, sollen dem Leser helfen, sich in dieser Zeit zu Recht zu finden.

Die dargestellte Thematik trägt überregionalen Charakter, da die Ereignisse nach der heutigen politischen Landkarte in mehreren Bundesländern stattgefunden haben – in Sachsen-Anhalt, in Sachsen, in Thüringen, in Niedersachsen, in Hessen, in Bayern und anderen Ländern und Regionen. Über 100 Burgen, Klöster, Pfalzen, Orte und Städte spielten in den Auseinandersetzungen zwischen Krone und Sachsen eine Rolle, die im Text genannt werden.

Die Jahre der Sachsenkriege unter Heinrich IV. und Heinrich V. hatten für das damalige Deutsche Reich Schicksalsprägende Bedeutung, wurde doch durch den Ausgang dieser Auseinandersetzungen der künftige Weg für Deutschland geebnet, der letztendlich föderaler Natur sein sollte. Die Sachsenkriege spielten sich im großen Umfang auf dem Gebiet ab, aus dem das heutige Sachsen-Anhalt hervorgegangen ist. Sie haben somit gewissermaßen im Sinne der Bewahrung von historischen Ereignissen und Werten große Bedeutung für das Bundesland Sachsen-Anhalt.

Neben den Darstellungen des historischen Hintergrundes der aufgesuchten Burg, eines Schlachtfeldes oder einer anderen historischen Stätte möchten wir dem Leser weitere Sehenswürdigkeiten (Auswahl) in der unmittelbaren Umgebung des jeweiligen Ortes empfehlen. Diese Auswahl reicht von „alten" historischen Bauten bis modernen Zuschaueratttraktionen.

Vor allem unter der Jugend möchten wir mit Hilfe dieses Buches das Interesse für die Geschichte unserer Vorfahren wecken. Wir wollen den jungen Menschen aufzeigen, wie unsere Ahnen für die Verteidigung der von ihren Vorvätern ererbten Rechte sowie für die Verteidigung ihrer Freiheit gekämpft haben.

Kloster Helfta

DAS DEUTSCHE REICH ENDE DES 11. JAHRHUNDERTS

Heinrich III. und Agnes vor der thronenden Maria im Dom zu Speyer

Als Kaiser Heinrich III. unerwartet am 5. Oktober 1056 verstarb, war sein Sohn Heinrich IV. noch nicht einmal sechs Jahre alt. Er war seit 1053 Mitkönig und wurde am Sterbebett seines Vaters von den anwesenden Fürsten nochmals zum König gewählt. Mit Unterstützung des Papstes Viktor II., der seit September 1056 in der Umgebung Kaiser Heinrich III. weilte, ging die Staatsmacht an den Thronfolger und seine Mutter Agnes von Poitou über. In den Jahren 1056 bis 1061 war die Kaiserin Agnes faktisch die Regentin des Reiches. Die Politik der Kaiserin geriet jedoch zunehmend in die Kritik der deutschen Fürsten, die sich um Anno II. Erzbischof von Köln scharten.

Der „Staatsstreich“ von Kaiserswerth

Erzbischof Anno von Köln

Anno hatte in Erzbischof Siegfried I. von Mainz, dem Grafen Ekbert I. von Braunschweig, Otto von Nordheim, dem Herzog von Bayern, und in anderen Fürsten wichtige Verbündete. Er war der Initiator des sogenannten Staatsstreiches von Kaiserswerth im April 1062. Er ließ ein Schiff prachtvoll ausstatten und lockte den jungen Heinrich, der sich mit seiner Mutter auf einer Reise nach Nimwegen befand, zu einer Besichtigung an Bord. Als er das Schiff betrat, legte dies sofort ab. Heinrich sprang verzweifelt in den Rhein. Graf Ekbert I. von Braunschweig sprang dem jungen König hinterher und rettete ihn vor dem Ertrinken und brachte ihn an Bord zurück. Durch diese Aktion gelang es Anno den 11-jährigen Heinrich IV. in seine Gewalt zu bringen. Er zog faktisch die Reichsgeschäfte an sich. Gegen die Politik Erzbischofs Anno gab es im Reich zunehmend Widerstand. Vor allem Adelbert I. Erzbischof von Hamburg-Bremen gewann zunehmend Einfluss auf die Reichspolitik. Er drängte Anno II. allmählich zurück. Im Jahre 1063 musste dieser sein Amt mit Adalbert I. teilen.

Machtantritt Heinrich IV.

Am 29. März 1065 erhielt Heinrich als 14-jähriger die Schwertleihe und wurde nach fränkischem Königsrecht mündig gesprochen. Er übernahm nun selbst die Regierungsgeschäfte, wobei er sich zunächst des Rates von Erzbischof Adalbert von Hamburg-Bremen bediente. Dessen rücksichtslose Erwerbspolitik, insbesondere sein Versuch, die beiden Reichsklöster Corvey und Lorsch in seine Hand zu bringen, rief Widerstand unter den deutschen Fürsten hervor. Sie zwangen den König auf dem Reichstag zu Tribur im Jahre 1066 Adalbert als seinen Berater zu entlassen.

Heinrich IV.

Burgenbau und Königsgut

Heinrichs vordringliches Ziel war es, das Königsgut, das durch die lange Zeit der Regentschaft verloren gegangen war, wiederzugewinnen. Hierdurch strebte er eine Fes-

Das Deutsche Reich
um 1100
KGR DÄNEMARK
OSTSEE
NORDSEE
POMMERN
MARK DER
BILLUNGER
ELBE
ODER
Bremen
HZM SACHSEN
NORDMARK
FRIESLAND
WESER
Magdeburg
Halberstadt
Goslar
MARK LAUSITZ
KGR POLEN
Paderborn
Halle
Tilleda
Bautzen
RHEIN
THÜRINGEN
MARK MEISSEN
HZT NIEDER-
LOTHRINGEN
Köln
Erfurt
MARK
ZEITZ
HZM FRANKEN
Mainz
MAIN
Prag
BÖHMEN-
MÄHREN
NORDGAU
HZT OBER-
LOTHRINGEN
DONAU
INN
ISAR
KGR
FRANKREICH
SCHWABEN
OSTMARK
HZM BAYERN
RHEIN
Basel
KGR
UNGARN
HZM
KÄRNTEN
BURGUND
Genf
MGFT VERONA
KGR
KROATIEN
0 50 100 150 200 Kilometer
LOMBARDEI
Venedig
Autor: Dr. Hartmut Lauenroth, Eisleben
Kartografie: Bernd Kellermann, Halle (S.)

tigung der Königsmacht gegenüber den Fürsten an. In diesem Prozess forderte Heinrich IV. zahlreiches Krongut zurück, das mitten im sächsischen Kernland am Harz lag. Vermutlich auf Anregung Adalberts von Bremen ließ er zur Sicherung des Königsgutes rund um den Harz zahlreiche Burgen errichten. Ausgehend von diesen Zentren versuchte er das Land militärisch und wirtschaftlich der Krone wieder dienstbar zu machen. Die Planung der Burganlagen und die Bauausführung lagen in den Händen des Goslarer Vicedominus Benno II., dem späteren Bischof von Osnabrück. Dieser war zu seiner Zeit ein berühmter Baumeister, was er bei Bauten in Goslar, Hildesheim und später auch in Osnabrück und Speyer bewiesen hatte.

Bau einer Burg

Heinrich IV. ließ die Große Harzburg, die Heimburg, die Lauenburg, die Burg Volkenroda, die Spatenburg, die Hasenburg, den Sachsenstein, den „alten" Falkenstein u. a. Burgen errichten. Die Burgen wurden mit königstreuen, jedoch landfremden Ministerialen aus Schwaben belegt. Er entzog so dem sächsischen Adel Aufgaben der Reichsverwaltung und übertrug diese an Ministerialen. Diese ließen sich zu zahlreichen Übergriffen gegenüber der sächsischen Bevölkerung hinreißen. Von den Sachsen wurde diese Politik als Bedrohung ihrer Macht in der Region angesehen. Sie fürchteten um den Verlust ihres Einflusses.

Zerstörung der Burgen von Widersachern

Zugleich ging Heinrich IV. an die Eroberung und Zerstörung der Burgen seiner Widersacher. So eroberten und

Burg Hanstein

zerstörten die königlichen Truppen im Jahre 1069 die Burg Beichlingen, die dem Markgrafen Dedo I. von Wettin gehörte. Im Jahre 1070 wurde Otto von Northeims Burg Hanstein im Eichsfeld, Heinrichs größten Rivalen in dieser Region, „gebrochen". Die Burg Hanstein liegt 14 Kilometer von Heiligenstadt entfernt zwischen den Dörfern Rimbach und Bornhagen. Lampert von Hersfeld berichtet in seinen Jahrbüchern zum Jahre 1070, dass im August König Heinrich IV. die Burg des Herzogs Otto „von Grund aus zerstören" ließ.

Gegenburg Harburg

Udo von Stade, Markgraf der Nordmark baute 1073 die Harburg als Gegenburg zur Hasenburg Heinrich IV. aus. Die Ruine der Harburg befindet sich ca. 1,2 Kilometer (Luftlinie) südöstlich von Haynrode auf den Bleicheröder Bergen.

Entmachtung von Widersachern

Sächsische Adlige, die sich ihm in den Weg stellten wurden entmachtet. So Graf Dedo II. aus dem Hause Wettin. Er wurde von Heinrich IV. als Gaugraf des nördlichen Hosgau abgesetzt. Als neuer Graf wurde (wahrscheinlich) im Jahre 1069 Hoyer I. von Mansfeld eingesetzt. Durch die Heirat mit Christina, der Erbtochter aus dem Hause der Pfalzgrafen von Sachsen gelangte Hoyer I. in den Besitz von Wimmelburg und Eisleben.

Strategische Zielsetzung

Heinrich IV. verfolgte mit dem Bau der o. g. Burgen das strategische Ziel, die sächsischen und thüringischen Großen voneinander zu isolieren und seine eigene Macht in dieser Region zu stärken. Mit dem Bau der Großen Harzburg und der Heimburg sicherte er den Nordfuß des Harzes. Er wollte so die Gebiete Burchards II. Bischof von Halberstadt und Ottos von Northeim von den Gebieten des Pfalzgrafen von Sachsen südöstlich des Harzes trennen.

Die thüringischen Burgen Sachsenstein und Hasenburg bedrohten einen möglichen Gegner, der den Harz überwunden hatte, bei seinem Weitermarsch. Zugleich trennten diese Burgen die Länder Otto von Northeims von denen des sächsischen Pfalzgrafen.

Die Burg Volkenroda bei Körner nordöstlich des Oberlaufs der Unstrut gewährte durch ihre Lage einem königlichen Heer Schutz, wenn dieses von der Werra über den Hainich kommend nach Thüringen einmarschierte.

Sühnekreuz beim Sachsenstein

DIE GROSSE HARZBURG BEI GOSLAR

Die Große Harzburg (Hartesburg) liegt am Nordrand des Harzes oberhalb von Bad Harzburg im Landkreis Goslar des Bundeslandes Niedersachsen. Sie wurde während des Burgenbauprogramms König Heinrich IV. in den Jahren von 1065 bis 1068 an strategisch günstiger Stelle auf sächsischem Boden errichtet. Die Harzburg diente zur Absicherung der nahen Kaiserpfalz Goslar, die etwa 2 Stunden in südöstlicher Richtung entfernt liegt.

Zweigeteilte Burganlage

Heinrichs Baumeister, der spätere Bischof Benno II. von Osnabrück gestaltete die Wehranlagen so, dass die Außenmauern bis an den Steilrand des Bergkegels heran reichten. Die Burg bestand aus einer Ost- und einer Westburg, die durch einen in den Fels getriebenen Abschnitts-

Rundturm

graben voneinander getrennt waren. Hier sind noch die Reste eines quadratischen Turms erhalten. In der Ostburg befanden sich u. a. das Burgtor mit Torkammer, eine zweiteilige Wehranlage, der Palas und ein runder Burgturm. In der Westburg waren u. a. die Toranlage, die Kapelle und der Burgbrunnen. Starke Ringmauern sowie ein umfangreiches Wall- und Grabensystem schützten die Burganlage. Nach damaligen Verhältnissen galt die Burg als uneinnehmbar.

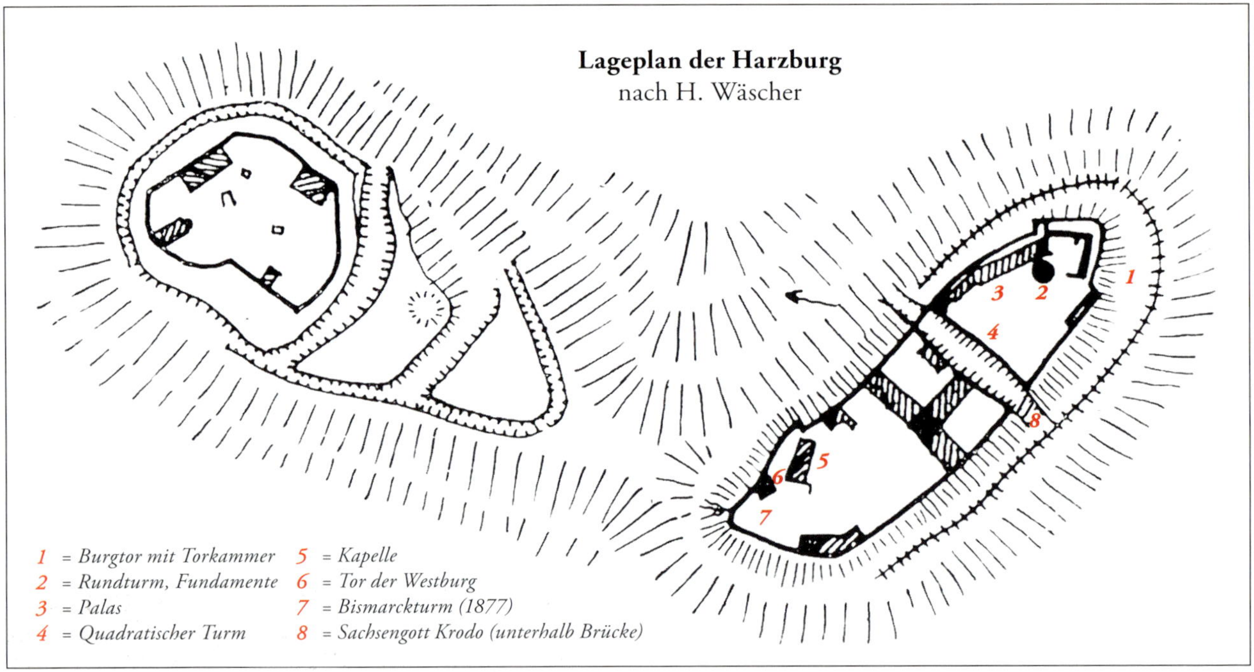

Königsburg

Die Burg war nicht nur Festung, sondern zugleich eine Residenz des Königs, die Heinrich IV. besonders prachtvoll ausstatten ließ. So enthielt die Burg unter anderen einen ungewöhnlich großen, dreiräumigen Palas. Heinrich richtete hier ein Kollegiatstift ein. Die Stiftskirche bestand zunächst aus Holz. Heinrich ließ in sie zahlreiche Reliquien überführen. Außerdem sollte die Kirche die Funktion einer „Begräbnisstätte" der Königsfamilie übernehmen, „um so den Ort beim Volke beliebt zu machen", bemerkte Meyer von Knonau. Heinrich ließ hier 1071 seinen gleich nach der Taufe verstorbenen Sohn beisetzen. Die Gebeine seines jung verstorbenen Bruders Konrad (1055) wurden ebenfalls hierher umgebettet.

Flucht des Königs

Eine erste urkundliche Erwähnung der Harzburg liegt aus dem Jahre 1073 vor. In diesem Jahr brach der Sachsenkrieg aus. Heinrich IV. floh mitsamt den Reichsinsignien aus der Kaiserpfalz Goslar auf die Harzburg. Angeblich seien ihm 60.000 Belagerer gefolgt. Die Burgbesatzung soll lediglich aus 300 Mann bestanden haben. Deshalb

Ringmauer

entschloss sich der König von der Harzburg zu fliehen. Der Sage nach entkam Heinrich aus der belagerten Burg über einen Geheimgang, der sich im Brunnenschacht befand. Den Brunnen hatte Heinrich beim Bau der Burg anlegen lassen. Seine tatsächliche Tiefe ist heute unbekannt. Er wurde bis zu einer Tiefe von 42,60 Meter freigelegt. In einer Tiefe von etwa 10 Metern befindet sich eine seitliche Öffnung des Schachtes, über die Heinrich entflohen sein soll. Während dieser Belagerung fiel die Harzburg nicht, sondern hielt allen Angriffen stand.

Schleifung der Harzburg

Am 2. Februar 1074 wurde zwischen den Sachsen und Heinrich IV. der Friede von Gerstungen geschlossen.

Große Harzburg, Canossa-Säule

Heinrich musste der Schleifung seiner Burgen, darunter auch die Harzburg, zustimmen. Der König versuchte die Zerstörung hinaus zu zögern. Er ließ nur die Mauern und Türme der Harzburg umlegen, während die Gebäude stehen blieben. Hiermit waren die Sachsen, insbesondere die Bauern nicht einverstanden. Sie plünderten und zerstörten daraufhin im Frühjahr 1074 die Harzburg vollkommen. Hierbei wurde auch die Stiftskirche nicht verschont. Die königliche Familiengruft wurde geschändet.

Mit der Seilbahn auf den Burgberg

Die Harzburg kann erwandert oder mit der Seilbahn erreicht werden. Direkt neben dem Großparkplatz an der B4 befindet sich die Talstation. Hier kann auch ein Modell der Großen Harzburg besichtigt werden.

Blick auf Bad Harzburg

Sehenswürdigkeiten auf dem Burgberg

Auf dem Burgberg befindet sich die 19-Meter hohe Canossa-Säule aus dem Jahre 1877. Die Bismarck-Ulme steht ebenfalls auf dem Burggelände. Eine Gastwirtschaft versorgt den Besucher mit Speisen und Getränken.

Sachsengott Krodo

Im Jahre 2007 wurde eine Krodo-Statue in dem Abschnittsgraben der Harzburg aufgestellt. Die Statue wurde nach einer Abbildung des Sachsen-Gottes aus dem Jahre 1492 gestaltet. Er symbolisiert die vier klassischen Elemente: Feuer – Erde – Luft – Wasser.

Sachsengott Krodo

Bad Harzburger Sole-Therme

Der Besuch der Bad Harzburger Sole-Therme kann nur empfohlen werden. Sie ist einzigartig im Harz. Aus der rund 840 Meter tiefen Dr. Harras-Schneider-Quelle sprudelt die heilkräftige Natur-Sole in vier Becken. Hier laden viele verschiedene Sprudel, Massagestrahldüsen und Wasserschwall zum Verweilen ein.
Auch ein Besuch der Eisbahn im Kurpark kann empfohlen werden.

DIE HEIMBURG

Der Ort Heimburg befindet sich im Landkreis Harz des Bundeslandes Sachsen Anhalt, ca. 5 Kilometer nordwestlich der Stadt Blankenburg. Die Auffahrt auf die „neue" Bundesstraße 6 sowie der Abzweig zur Verbindungsstraße nach Derenburg liegen östlich von Heimburg. Eine Straße führt von Heimburg zum Kloster Michaelstein. Die Burg Heimburg nimmt die östliche Hälfte der früheren „Altenburg" ein. Sie liegt im gleichnamigen Ort auf einem lang gestreckten Höhenrücken an der „alten" Bundesstraße 6, die von Wernigerode nach Blankenburg führt.

Heimburg, Zugangsbereich (Lageplan Bereich „T")

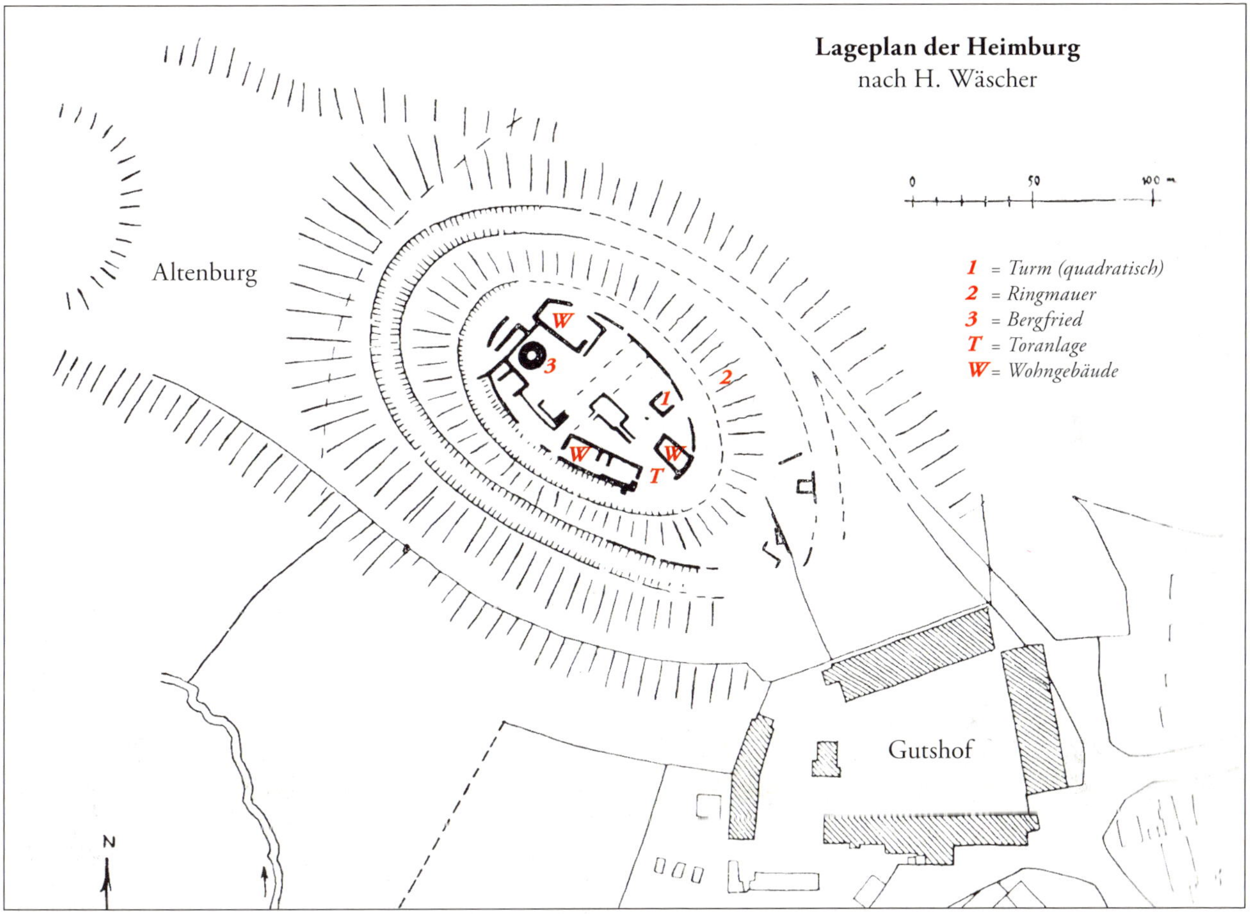

Burganlage Heinrich IV.

Heinrich der IV. ließ die Heimburg in der 2. Hälfte des 11. Jahrhunderts erbauen oder eine bereits vorhandene ältere Anlage erweitern. Der Grundriss der Burg bildet ein lang gestrecktes Oval. Die Fläche innerhalb der Ringmauern hatte eine Ausdehnung von 60 x 100 Metern. Wie Grabungsfunde belegen, befand sich zeitweilig ein runder Bergfried an der Westspitze der Burganlage. Die Toranlage mit Torturm befand sich an der Ostseite. Ein quadratischer Turm lag an der Nordmauer. Die Gesamtanlage wurde durch Ringgräben gesichert. Die Heimburg war durch ihre Lage prädestiniert das ostfälische Land zu bewachen. Ferner konnte sie die nach Thüringen und in die Goldene Aue führenden Straßen sperren.

Eroberung durch die Sachsen

Erstmals wurde die Heimburg im Jahre 1073 in den Annalen des Lampert von Hersfeld als Burg des Salierkönigs Heinrich IV. erwähnt. Die Belagerung der Heimburg stand unter der Leitung von Friedrich von Goseck, des Pfalzgrafen von Sachsen. Sie wurde von den Sachsen erobert. Die Heimburg muss relativ rasch wieder aufgebaut

Heimburg, Blick zum Burgberg

worden sein, denn sie rückt nach der Schlacht am Welfesholz am 11. Februar 1115 erneut in den Focus der Geschichte. Von dem sächsischen Annalist wurde die Heimburg als Reichsburg charakterisierte. Sie wurde von den siegreichen Sachsen erneut belagert und „verbrannt".

Spätere Geschichte

1123 versuchten Dienstleute des Halberstädter Bischofs Reinhard die Burg wieder aufzubauen. Lothar von Süpplingenburg, Herzog von Sachsen, hinderte sie an ihrem Vorhaben von der Blankenburg aus. Er eroberte die Burg und sein Enkel Heinrich der Löwe erhielt sie als Erbgut. An ihrem Fuße entstand im Jahre 1256 eine Hörigensiedlung. Um 1265 übernahmen die Grafen von Regenstein das Burglehen. Im 16. Jahrhundert wurde die Burg mehrfach verpfändet. Durch den Dreißigjährigen Krieg wurde sie stark zerstört. Die Burg zerfiel und wurde als Steinbruch für Baumaterial genutzt. Im Jahre 1599, nach dem Erlöschen des Geschlechts der Grafen von Regenstein, fiel das Lehen an den Herzog von Braunschweig zurück. Bis 1945 gehörte Heimburg zum braunschweigschen Kreis Blankenburg. 1952 fiel der Ort an den Kreis Wernigerode des Bezirks Magdeburg der DDR.

Auf der Heimburg befindet sich heute ein Aussichtspunkt, der einen guten Ausblick auf das Harzvorland bietet.

Heimburg, Kirche zur Heiligen Dreifaltigkeit

Kloster Michaelstein

Sehr zu empfehlen ist ein Besuch des Klosters Michaelstein, das in unmittelbarer Nähe von Heimburg liegt. Kloster Michaelstein ist ein ehemaliges Zisterzienserkloster. In seinen altehrwürdigen Mauern befindet sich der Sitz der „Stiftung Kloster Michaelstein - Musikinstitut für Aufführungspraxis". Seit 2001 ist hier auch die Landesmusikakademie des Landes Sachsen-Anhalt zu Hause. Hier finden vielfältige musikalische Veranstaltungsreihen statt, darunter die „Talente-Schmiede" und die „Michaelsteiner Klosterkonzerte".

Kloster Michaelstein, Teichanlagen

Kloster Michaelstein

Kloster Ilsenburg

Kloster Ilsenburg

Die Stadt Ilsenburg ist nur wenige Kilometer von Heimburg entfernt. Sie gehört zum Landkreis Harz des Bundeslandes Sachsen-Anhalt. Hier befindet sich ein ehemaliges Benediktinerkloster aus dem 11. bzw. 12. Jahrhundert. Kaiser Heinrich II. schenkte am 15. April 1003 die „Elisenaburg" dem Halberstädter Bistum.

Der Bischof Arnulf von Halberstadt baute die kaiserliche Jagdpfalz zu einem Kloster um, das erstmals 1018 urkundlich erwähnt wird.

Unter dem Abt Herrand erlangte das Kloster Ilsenburg zunehmend an Bedeutung. Das ehemalige Kloster ist ein Bestandteil der Straße der Romanik.

Die Stapelburg

Der Ort Stapelburg mit der gleichnamigen Burganlage liegt unmittelbar an der Grenze von Sachsen-Anhalt zu Niedersachsen an der Bundesstraße 6n etwa vier Kilometer nördlich von Ilsenburg. Die Rundburg wurde urkundlich erst im Jahre 1379 genannt, soll der Überlieferung nach älter sein. Die Burg wurde durch einen inneren Mauerring von etwa 30 Metern Durchmesser sowie Doppelgräben mit dazwischen liegender Wallanlage geschützt. Westlich der Burg befindet sich die Dorfkirche, die wohl zur Burg gehörte.

Ein Heinrich von Bila ließ um das Jahr 1559 in die alte Rundburg ein rechteckiges Schloss von 28,2 x 28,6 Metern einbauen. Der Wohnbau hatte drei Stockwerke.

Die Stapelburg

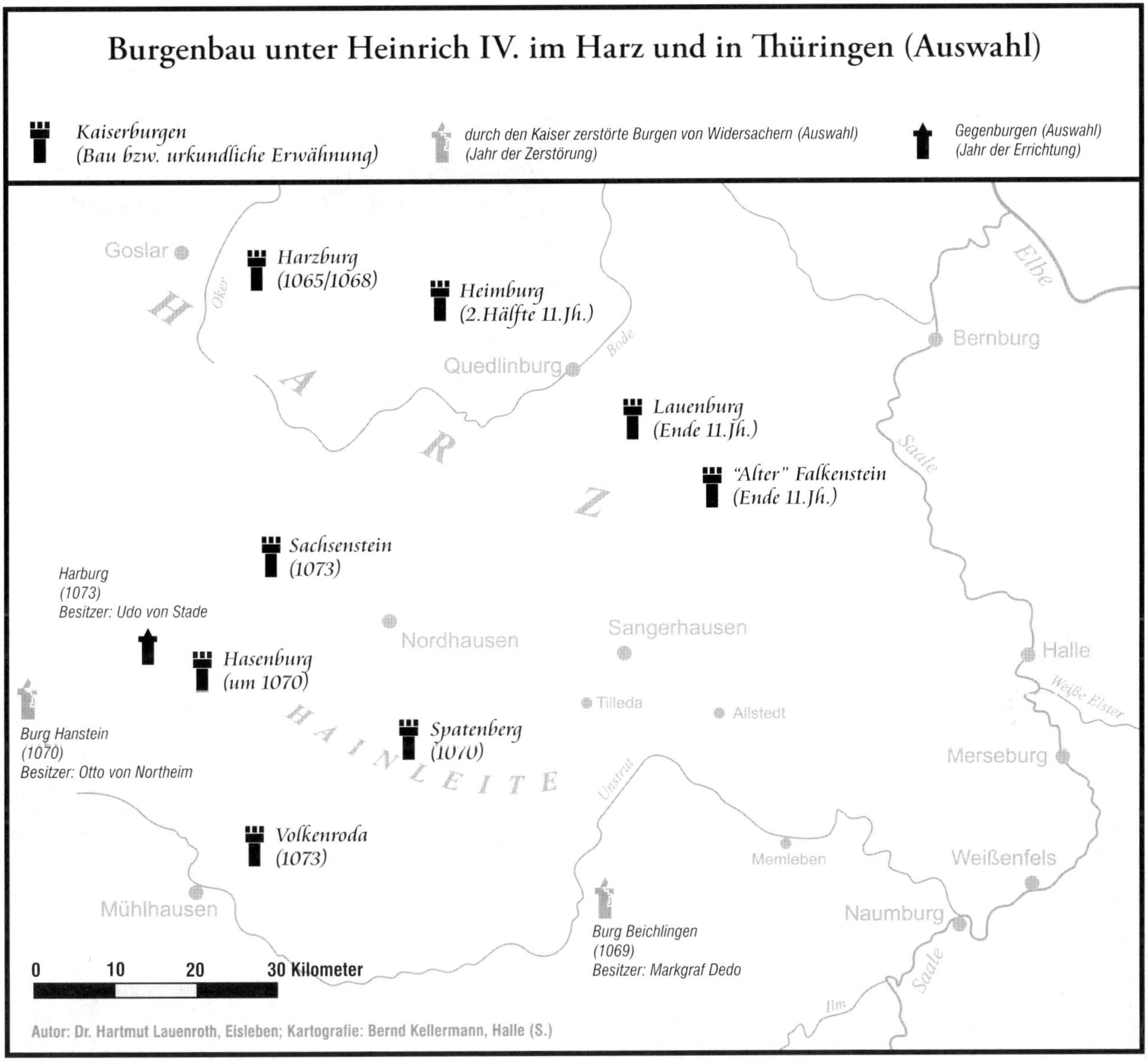

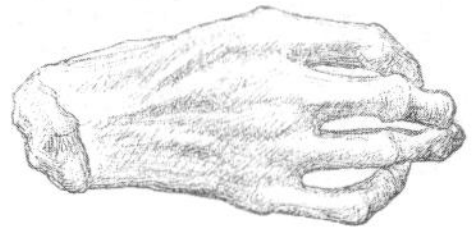

Schwurhand von Gegenkönig Rudolf von Rheinfelden

Symbole der weltlichen und kirchlichen Macht

DIE BURG SPATENBERG

Auf dem Gipfel des 380 Meter hohen Spatenbergs am Südrand von Sondershausen in Thüringen stand ehemals die Spatenburg. Wir gelangen zur Spatenburg, indem wir der gut ausgeschilderten Auffahrt zum „Possen" bis zum Hinweisschild „Rondell" folgen. Hier können wir den PKW parken und wandern bis zum „Rondell". Ein wunderbarer Blick auf Sondershausen belohnt die Mühe des Weges. Kurz vor dem Rondell geht der Weg zum Spatenberg ab.
Hier ließ Heinrich IV. im Jahre 1070 die Spatenburg zur Sicherung des Reichsgutlandes am Südharz errichten. Eine erste Bewährung bestand die Burg 1073. Sie wurde von den Aufständischen Thüringern und Sachsen belagert, konnte jedoch nicht erobert werden. Im Frieden von Gerstungen im Jahre 1074 musste Heinrich IV. der Schleifung der Spatenburg zustimmen.
Ein Wiederaufbau erfolgte im 12. Jahrhundert wahrscheinlich auf Veranlassung des Erzbischofs von Mainz, denn im Jahre 1212 wurde ein Ministeriale Berthold von „Spatinberg" erwähnt. 1295 wurde die Spatenburg endgültig zerstört.

Spatenburg, Reste des Walles

Spärliche Überreste

Eine kleine Bergkuppe, die nach Osten vorspringt, war mit einem Ringwall und Vorgraben umgeben. Etwa 250 Meter westlich des Aussichtsturms befinden sich die Reste eines niedrigen, nordsüdlich verlaufenden Walles mit einem tiefen Vorgraben. Er ist etwa 50 Meter lang und trennt den Bergrücken von dem westlich angrenzenden Plateau.

Blick auf Sondershausen

Spatenbergturm (Bismarckturm)

Im Inneren der ehemaligen Spatenburg steht der Spatenbergturm oder Bismarckturm, ein freier Aussichtsturm. Pläne für seine Errichtung existieren seit 1845. Anlässlich des 80. Geburtstages Bismarcks wurde hier 1895 der „Bismarckturm“ errichtet. Von der Turmspitze hat man einen schönen Blick auf die östlichen Teile der Stadt Sondershausen.

Spatenbergturm (Bismarckturm)

Residenzschloss

Sondershausen entwickelte sich zur Residenz des Fürstentums Schwarzburg-Sondershausen, wovon zahlreiche historische Gebäude zeugen. Dominierend liegt das ehemalige Residenzschloss der einstigen Grafen, ab 1697 Fürsten von Schwarzburg-Sondershausen, über der

Sondershausen Residenzschloss

Stadt. Hier ist auch das Schlossmuseum, ausgestattet mit einem reichen Fundus an Kunst- und Kunsthandwerksschätzen sowie natur- und volkskundlichen Beständen, beheimatet. Der Schlosspark umgab ursprünglich als Renaissancegarten das Schloss. Er wurde im 19. Jahrhundert in einen englischen Landschaftspark umgestaltet.

Sondershausen
Stilisiertes Musikinstrument

Loh-Orchester

Das Loh-Orchester gehört zu den ältesten Orchestern Deutschlands. Es ist aus einer fürstlichen Hofkapelle hervorgegangen. Seinen Namen leitet das Orchester von dem

Loh-Park ab, der sich unterhalb des Schlosses befindet. Hier fanden zu Beginn des 19. Jahrhunderts im „Freien" Konzerte für die „Allgemeinheit" statt. Das Loh-Orchester symbolisiert die langen Traditionen der Musikstadt Sondershausen. Der renommierte Klangkörper begeistert noch heute immer wieder seine Zuhörer.

Erlebnisbergwerk Sondershausen

Die älteste befahrbare Kaligrube der Welt beherbergt ein Erlebnisbergwerk. Auf der „Reise zum Mittelpunkt der Erde" durchqueren die Besucher ein unterirdisches Labyrinth. Mit einem Kahn wird ein unterirdischer See befahren. Auch die imposante Abbau- und Fördertechnik kann besichtigt werden. Der neu errichtete Konzertsaal bietet vergnügliche Unterhaltung.

Sondershausen, Erlebnisbergwerk

Freizeit- und Erholungspark „Possen"

Wenn wir vom Spatenbergturm (Bismarckturm) zu dem abgestellten PKW zurückgekehrt sind, benötigen wir nur noch wenige Minuten bis zum „Possen". Das ehemalige Jagdschloss Possen fungiert heute als Gaststätte. Die herrlichen Buchenwälder locken zu Wander- bzw. Reittouren. Tiergehege und ein großzügiger Spielplatz sind für die Kinder ein Anziehungspunkt. Ein kleines Bungalowdorf lädt zu einem mehrtägigen Aufenthalt ein.

Fachwerkturm

Ein achteckiger Fachwerkturm zieht sofort die Blicke der Besucher auf sich. Er wurde 1781 auf dem höchsten Punkt des Possens (420 Meter NN) errichtet. Der in Deutschland einzigartige Fachwerkturm hat eine Höhe von ca. 42 Metern. Wer die über 200 Treppenstufen nicht scheut, kann den Turm besteigen. Der wunderbare Rundblick entlohnt für die Mühe.

Possen, Fachwerkturm

DIE BURG SACHSENSTEIN

Die Burg Sachsenstein befindet sich auf einem vorgelagerten Höhenzug des Südharzes im Bundesland Niedersachsen und liegt zwischen Bad Sachsa und Walkenried. Sie wurde auf einem steilen Bergsporn errichtet. Die Hauptburg nimmt eine Fläche von ca. 5400 Quadratmetern ein und verkörpert im Burgensystem Heinrich IV. den „wehrhaften Typ“. Der vorhandene Burgwall auf dem Sachsenstein stammt aus älterer Zeit.

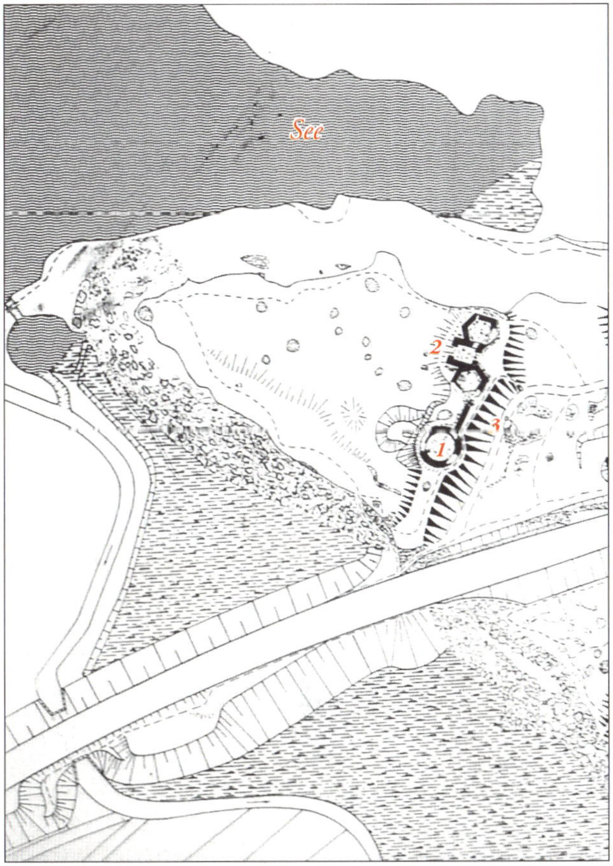

Sachsenstein, Lageplan

1= Rundturm, 2 = Torkammer, 3 = Mauerreste

Sicherung der sächsisch-thüringischen Grenze

Der Südharz bildete den nordwestlichen Teil Thüringens und grenzte an Sachsen an. Hier ließ Heinrich IV. drei Burgen errichten, die in einem Dreieck zueinander liegen. Der Sachsenstein lag am nördlichsten Punkt, noch in den Ausläufern des Harzes selbst. Die Hasenburg bei Großbodungen wurde in südwestlicher Richtung erbaut, während die Burg Spatenberg in der Hainleite den südöstlichen Punkt markierte. Diese drei Burgen bildeten gewissermaßen eine Sicherung bzw. einen Verschluss an der Westseite der Goldenen Aue.

Sachsenstein 1073 bezeugt

Der Sachsenstein gehört zu jenen acht Burgen, die durch Lampert von Hersfeld bereits für das Jahr 1073 bezeugt sind. Wie wir auf dem Lageplan sehen, befand sich ein

Sachsenstein, Rundturm

Rundturm im Zentrum der Burganlage. Er hatte einen Durchmesser von ca. 13,5 Metern. Die Mauerstärke hatte eine Mächtigkeit von zwei Metern. Der Rundturm wurde als Wohnturm genutzt. Besondere Beachtung verdient die Mauertechnik am Sachsenstein. Eine Schale aus Schichtmauerwerk umgibt den festen Kern, der zum Teil in Fischgrätentechnik mit Abschnittsfugen ausgeführt wurde. Diese Technik finden wir auch in den anderen Burgen der Salier ab Mitte des 11. Jahrhunderts. Dieses Fischgrätenmuster im Mauerwerk wurde originalgetreu restauriert.
Der Zugang der Burg wurde im Norden durch eine Torkammer geschützt, die von zwei sechseckigen Türmen flankiert und gesichert wurde. Diese Anordnung der Bauteile ist im 11. Jahrhundert ohne Parallelen. Auch Mauerreste einer starken Abschnittsbefestigung wurden Ende des 19. Jahrhunderts freigelegt.

Blick zum Sachsenstein

Schleifung der Burg

Auf den Wehrburgen Heinrich IV. saßen landfremde Ministerialen, die von den umwohnenden sächsischen und thüringischen Anwohnern zusätzliche Abgaben, Bauleistungen und Spanndienste forderten und eintrieben. Das führte zum Aufstand der Sachsen. Im Frieden von Gerstungen musste sich der König im Jahre 1074 zur Schleifung der Burgen verpflichten, darunter auch des Sachsensteins. Zur Erneuerung der Burg kam es nicht, sodass die Burg Sachsenstein zur Ruine wurde.

Mittelalterliche Darstellung der Eroberung einer Burg

Ein vermutlicher Wirtschaftshof der Burg war der seit 1085 belegte Ort Walkenried. Der Sachsenstein ist gemäß dem Niedersächsischen Denkmalschutzgesetz in dem Verzeichnis der Kulturdenkmale eingegangen.

Sühnesteine

In unmittelbarer Nähe des Sachsensteins sind ein Steinkreuz und zwei Kreuzsteine aufgestellt. Ein Sühnestein oder Mordwange wie der Volksmund sagt, stammt aus dem Mittelalter. Sie sind Gedenksteine, die möglicherweise an der Stelle errichtet wurden, an der ein Mord geschehen war. Es wurde somit ein Ort der Erinnerung geschaffen, an dem auch für das Seelenheil der Toten gebetet werden konnte.
Steinkreuze haben eine Höhe von ca. 80 bis 120 Zentimetern und sind 40 bis 60 Zentimeter breit. Die Steinkreuze wurden fast immer aus einem Block gemeißelt und ha-

Sachsenstein Kreuzsteine

ben eine klobige Gestalt. (Das Steinkreuz ist auf Seite 9 abgebildet.)

Bad Sachsa

Die Stadt Bad Sachsa liegt im Landkreis Osterode am Harz in Niedersachsen. Der Ort hat 8.200 Einwohner und ist ein staatlich anerkannter heilklimatischer Kurort. Die umliegende bergige und waldreiche Landschaft des Harzes lädt zu Wandertouren und Tagesausflügen ein. Die höchste Erhebung im näheren Umfeld ist der Ravensberg mit 660 Metern. Er liegt ca. 5,5 Kilometer nordwestlich des Stadtzentrums.

Landschaft um Bad Sachsa

Grenzlandmuseum Tettenborn

Im Ortsteil Tettenborn befindet sich seit 1992 ein Grenzlandmuseum im Dorfgemeinschaftshaus. Nur wenige hundert Meter von hier verlief die ehemalige innerdeutsche Grenze. Im Museum kann sich der Besucher über die Entwicklung der Sperranlagen der DDR im Südharz informieren. Es präsentiert eine Vielzahl originaler Ausstattungsstücke der DDR-Grenztruppen, dokumentiert spektakuläre Grenzdurchbrüche und zeigt aber auch das Leben im Grenzgebiet.

Kloster Walkenried

Walkenried soll der Überlieferung nach zunächst ein Wirtschaftshof der nahen Burg Sachsenstein Heinrich IV. gewesen sein. Im Jahre 1127 stiftete Adelheid, die Gattin des Edlen Volkmar von Walkenried, den Ort und die Liegenschaften für ein Kloster der Zisterzienser. 1129 zog der Gründungskonvent unter dem ersten Abt Heinrich aus Altenkampen am Niederrhein in Walkenried ein. Das Zisterzienserkloster entwickelte sich zu einem geistlichen, kulturellen und wirtschaftlichen Faktor für den gesamten Harz und der angrenzenden Gebiete.
Im Jahr 2006 wurde in der Klausur des Klosters das „Zisterzienser Museum Kloster Walkenried" eröffnet.

Ruine Kloster Walkenried (Quelle: www.wikipedia.org)

DIE HASENBURG

Die Hasenburg liegt im Bundesland Thüringen ca. zwei Kilometer östlich der Ortschaft Haynrode am Rand des südlichen Harzvorlandes auf einer Bergkuppe mit abbrechenden Steilwänden. Das dreieckige Bergplateau hat eine Fläche von rund 8 Hektar. Hier siedelten seit über 4000 Jahren Menschen.

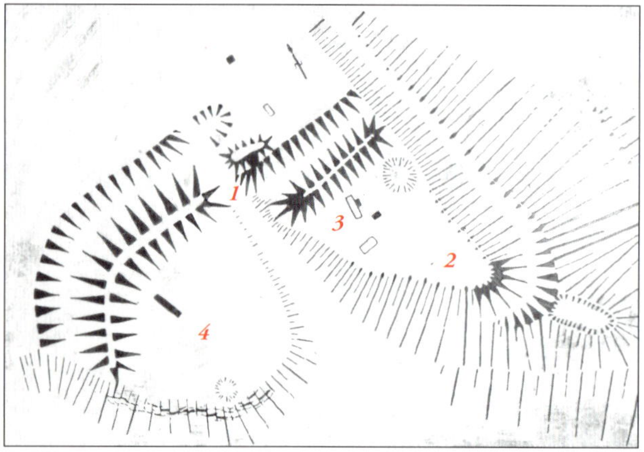

Hasenburg, Lageplan

1= Kammertor, 2 = östlicher Teil der Burg,
3 = Sitz des Burghauptmanns, 4 = westlicher Teil der Burg

Burg Heinrich IV.

Heinrich IV. ließ die Burg um 1070 errichten. Sie war nur über die Südseite zugänglich, wo noch heute Überreste von umfangreichen Wall- und Grabenanlagen zu finden sind. Wie aus dem beigefügten Grundriss hervorgeht, bestand die mittelalterliche Burg aus zwei Burgteilen, die durch einen Hohlweg voneinander getrennt waren.
Der östliche Teil der Burganlage befindet sich auf einem Bergsporn und ist der ältere Teil der Anlage. Er wurde durch einen Wall in Holzbalkenkonstruktion mit Steinfüllung geschützt. Zusätzlich war ein Graben zur Verteidigung angelegt worden. In der östlichen Burg scheinen vor allem die Wirtschaftsgebäude gewesen zu sein. Hier war sicherlich auch die Besatzung der Burg des Jahres 1070 stationiert. Von den ehemaligen Gebäuden dieser Anlage zeugen heute noch Steinfundamente. Ein Gebäudegrundriss hat die Ausmaße von 4 x 8 Metern und wird in der Literatur als Sitz des Burghauptmanns bestimmt.
Im westlichen Teil der Burganlage haben vermutlich die Repräsentationsräume gelegen. Hier wurden die Grundrisse von Pfostenhäusern gefunden. Brandschichten weisen auf die Belagerung und Zerstörung der Burg während des sächsisch-thüringischen Aufstands gegen Heinrich IV. im Jahre 1074 hin.

Kammertor

Die um 1075 errichtete Anlage muss ein prachtvoller Bau gewesen sein. Davon zeugt das rekonstruierte gewaltige Kammertor aus behauenen Steinen. Dieses mächtige Tor hat eine Größe von etwa 6 x 2 Metern und sicherte an der Südseite den Zugang zu den zwei Burganlagen. Der o. g. Hohlweg führt zu dem Kammertor.

Hasenburg, Kammertor

Wehranlage im nördlichen Teil

Der Vollständigkeit wegen sei darauf verwiesen, dass wir im nördlichen Teil des Plateaus auf die Reste einer weiteren Wehranlage stoßen. Diese hatte eine Fläche von ca. 40 x 60 Metern. Auch sie war von einem Wall und einem Graben umgeben. Sie ist dem 12. bis 13. Jahrhundert zuzuordnen.

Sage von der Hasenburg

Der letzte Ritter der Hasenburg trug den Namen „Ritter Spitznase". Er war ein Wegelagerer und hatte schon vieles auf dem Kerbholz. Nun sollte ihm das Handwerk gelegt werden. Die Hasenburg wurde belagert. Die Belagerung zog sich in die Länge. Der „Ritter Spitznase" wurde letztlich durch den Hunger gezwungen, Kapitulationsverhandlungen aufzunehmen. Er erklärte sich zur Übergabe bereit, wenn er freien Abzug gewährt bekäme. Dies geschah dann auch.

Die Eroberer setzten nun die alte mächtige Feste in Brand. Die von den Flammen verschonten Mauern wurden niedergerissen.

Der „Ritter Spitznase" zog hinab in das Tal und hauste fortan auf dem in Wallrode gelegenen Burgsitz.

Markgraf Udo von Stade baute 1073 die Harburg als Gegenburg zur Hasenburg Heinrich IV. aus. Die Ruine der Harburg befindet sich ca. 1,2 Kilometer (Luftlinie) südöstlich von Haynrode auf den Bleicheröder Bergen.

Landschaft um Haynrode

BURG VOLKENRODA

Der Ort Volkenroda gehört zur Gemeinde Körner des Unstrut-Hainich-Kreises im Bundesland Thüringen.

Der Platz ist für eine Burg untypisch, denn sie wurde in einer Ebene gebaut. Dies ist wohl auf eine hier entspringende Quelle zurück zu führen, die die Burg mit Frischwasser versorgte. Die Burg wurde mit großer Wahrscheinlichkeit in der karolingisch-ottonischen Zeit errichtet. Im 10. Jahrhundert war sie der Mittelpunkt einer Grundherrschaft in dem Reichsgutsbezirk Görmar-Mark.

Belagert und geschleift

Während der Auseinadersetzungen zwischen Heinrich IV. und der sächsisch-thüringischen Opposition belagerten die Sachsen Burg „Volkenroth" im Jahre 1073, konnten die Burg jedoch nicht „brechen". Zwei Jahre später wurde die Burg erneut belagert. Diesmal wurde sie erobert und geschleift.

Reste der Burganlage

Von der ehemaligen Burg Volkenroda sind nur noch Wälle und Gräben erhalten. Sie umschlossen eine (abgerundete) rechteckige Fläche von ca. 280 x 320 Metern. Im Südteil der Burganlage gab es wohl eine kleinere rechteckige Wehranlage, die durch einen Wall mit „vorgelegtem" Graben gesichert war. Diese blieb nach dem Klosterbau noch bestehen.

Umwandlung in ein Kloster

Im Nordteil der ehemaligen Burganlage wurde auf den Grundmauern der ehemaligen Pfalzburg im Jahre 1131 von Zisterziensermönchen aus Altenkamp ein Kloster gegründet. Durch Erzbischof Heinrich I. von Mainz wurde im Jahre 1150 die Klosterkirche geweiht. Von der ehemals kreuzförmigen romanischen Basilika künden heute noch das Querschiff, der Chor mit Apsis sowie die Ansätze für die drei Kirchenschiffe. An ihnen wird die typische Bauweise der Zisterzienser sichtbar. Während des Bauernkrieges wurde das Kloster 1525 stark zerstört. Nach kurzzeitiger Wiederherstellung des Klosterbetriebes wurde es 1540 aufgegeben.

Volkenroda, Kloster

Kultur- und Bildungszentrum

Seit 1993 wird das Kloster zu einem Kultur- und Bildungszentrum ausgebaut. Hier finden Seminare Exerzitien, Konzerte sowie Gottesdienste statt. In der Klosteranlage wurde ein Europäisches Jugendbildungszentrum eingerichtet. Ein „Schulbauernhof" ist für Kinder und Jugendliche ein Magnet.
Ein Bauernmarkt findet monatlich sowie zu Ostern und Weihnachten statt.

Volkenroda, Kultur- und Bildungszentrum

EXPO-Christus-Pavillon

Eine besondere Attraktion ist der „Christus-Pavillon". Er stand auf der EXPO 2000 in Hannover und wurde im Jahre 2001 in Volkenroda wieder errichtet. Heute nutzt ihn die Jesus-Bruderschaft.

Volkenroda, EXPO-Christus-Pavillon

Seit dem Jahre 2002 ist Volkenroda der Anfangs- bzw. Endpunkt eines Pilgerweges, der von Kloster Volkenroda zu seinem Filialkloster Loccum bei Hannover führt. Im Jahre 1163 hatten sich 12 Zisterzienser-Mönche und ein Abt auf den Weg gemacht und gründeten auf der verfallenen „Luccaburg" das Kloster Loccum.

Das Steinkreuz von Volkenroda

Das Steinkreuz erinnert an eine tragische Liebesbeziehung zwischen einem Mönch aus Volkenroda und einer Nonne des Klosters Schlotheim. Diese war ihrem Geliebten zum gemeinsamen Treffen entgegengegangen. Als dieser nicht kam, ging sie weiter und kam schließlich in Volkenroda an. Zwischenzeitlich hatte sich ein Unwetter zusammengebraut. Schwarze Gewitterwolken verdunkelten den Himmel. Unaufhörlich fuhren grelle Blitze hernieder und Donnerschläge ließen die Erde erzittern. Die Nonne stand in der Nähe der Klostermauern und wartete immer noch auf ihren Geliebten. Plötzlich fuhr ein furchtbarer Blitz aus den Wolken und erschlug die Nonne. Als endlich der Mönch herbeigeeilt kam, fand er nur noch „einen schwarzen Schatten" vor. Voller Verzweiflung gestand der Mönch dem Abt alles. Dieser sah in dem Tod der Nonne ein „himmlisches" Strafgericht. Er gab den Befehl, den Mönch bei lebendigem Leibe in den alten Torturm einzumauern. Dann ließ er das Steinkreuz errichten, damit alle Sündigen sahen, welche Strafe sie erwartete.

Volkenroda, Steinkreuz

Königseiche

Am nördlichen Ortsrand von Volkenroda steht ein mächtiger Baumriese, die Königseiche. Die Volkenrodaer Königseiche gehört zu den 1000-jährigen Eichen. Ihr exaktes Alter wurde im Jahre 1992 unter zu Hilfenahme dreier gezogener Bohrkerne bestimmt. Die „Dicke Eiche" hat ein Alter von über 610 Jahren. Sie hat eine Höhe von 25 Metern und einen Stammumfang von ca. 9,5 Metern. Die Stieleiche ist das Symbol des Unstrut-Hainich-Kreis.

Volkenroda, Königseiche

DIE LAUENBURG

Die Ruine der Lauenburg steht auf einem Ausläufer des Rambergs in 339 Meter Höhe oberhalb des Ortes Stecklenberg. Nach baugeschichtlichem Befund ließ Heinrich IV. die Lauenburg gegen Ende des 11. Jahrhunderts errichten. Die Lauenburg hatte die Aufgabe, sowohl das Reichsstift Quedlinburg als auch zwei Heerstraßen zu schützen. Die Lauenburg ist eine Doppelburg, d. h. sie ist eine zweiteilige Burganlage, die durch zwei tiefe Halsgräben getrennt ist. Die Bauzeit dieser mächtigen Burganlage mit Vorburg und Hauptburg betrug vermutlich zehn Jahre. Eine erste urkundliche Erwähnung liegt erst für das Jahr 1164 vor.

Lauenburg, östlicher Bergfried

Lauenburg, Lageplan (nach Hermann Wäscher)

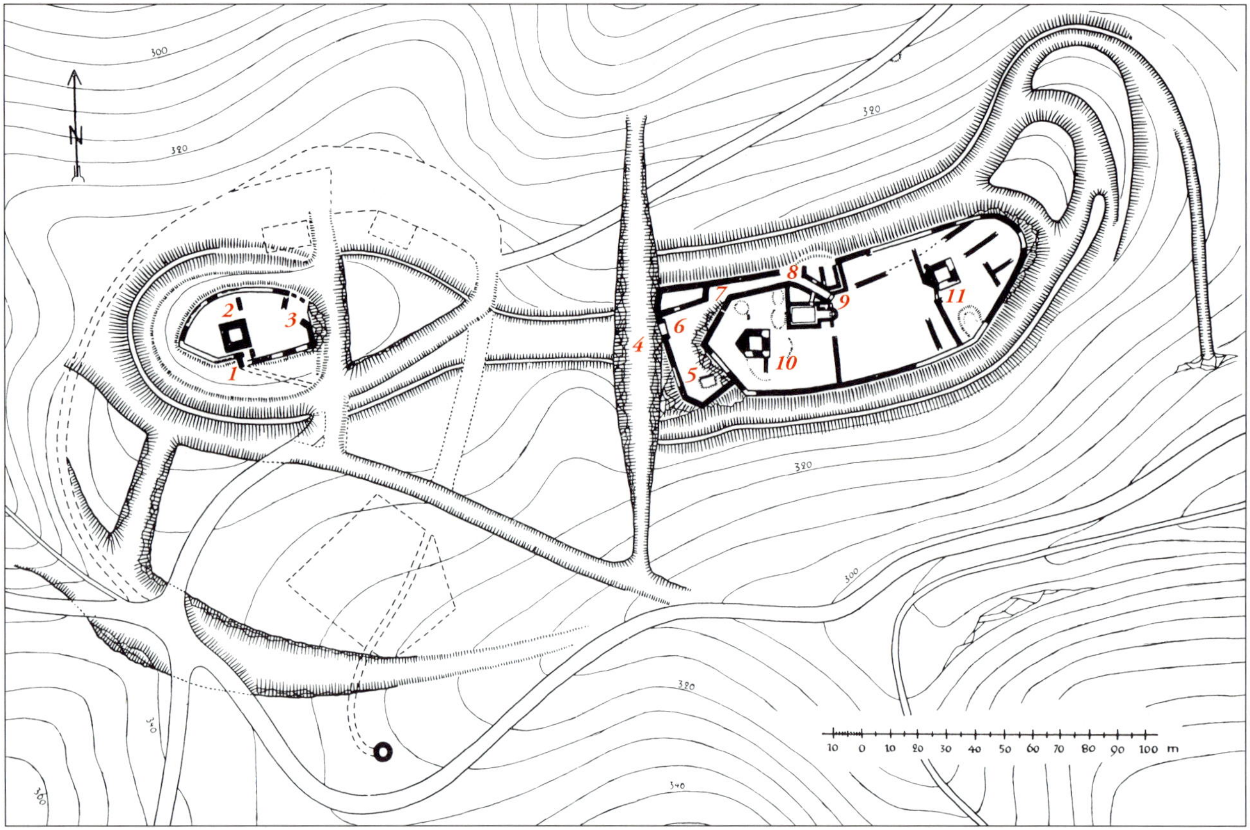

Vorburg	*1 = Tor*	***Hauptburg***	*4 = Halsgraben*
	2 = Bergfried		*5 = Zisterne*
	3 = Wohngebäude und Torturm		*6 = Wachhaus*
			7 = Tor, Zwinger, Straße zum Innentor
			8 = Innentor mit Torkapelle
			9 = Wohnbauten
			10 = westlicher Bergfried
			11 = östlicher Bergfried

Die Hauptburg

Die Hauptburg ist etwa 140 Meter lang. Sie war ursprünglich dreigeteilt. Die Anlage hatte zwei Bergfriede, eine Burgkapelle und war mit einem weit verzweigten Wall- und Grabensystem umgeben. Die beiden Bergfriede hatten die gleiche Form und Größe. Ihr quadratischer Grundriss hatte die Ausmaße von 10 x 10 Metern. Die Mauern erreichten eine Dicke von ca. 2,4 Metern. Die Turmhöhe wird knappe 30 Meter betragen haben. Vom östlichen Bergfried stehen noch Reste von etwa 12 Metern Höhe. Im Fundament befindet sich ein Schlupfloch, das in einen Kriechgang mündet. Dieser Gang führt unterhalb der nördlichen Ringmauer ins Freie. Vom westlichen Bergfried ist nur noch ein Stumpf erhalten. An seiner Westseite wurde zur Verstärkung eine fünfte Ecke angebaut. Hier hat die Mauer des Turms eine Mächtigkeit von ca. 4,5 Metern.

Lauenburg, Vorburg

Die Vorburg

Die Vorburg liegt westlich, oberhalb der Hauptburg. Die etwa 2,9 Meter starken Mauern des Bergfrieds stehen auf einem quadratischen Grundriss von 10,3 x 10,4 Metern. Der Zugang befindet sich in einer Höhe von ca. 4,5 Metern und ist lediglich 60 Zentimeter breit. Die Gesamthöhe des Turms lag bei knapp 30 Metern. Heute hat der Turm noch eine Höhe von etwa 17 Metern.

Zur Geschichte der Burg

Zur Geschichte der Burg sei angemerkt, dass sie im Jahre 1180 von Friedrich I. Barbarossa erobert wurde. Später hausten zeitweilig Raubritter auf der Burg. Im 14. Jahrhundert wurde die Burg geschleift. Später wurde sie als Steinbruch benutzt und systematisch abgetragen. Die Hauptburg befindet sich in einem stark verfallenen Zustand. Nur wenige Reste der Türme und der Außenmauern künden von ihrer einstigen Mächtigkeit. Die Ruine des Bergfrieds der Vorburg ist das einzige Bauwerk der gesamten Burganlage, das noch heute relativ gut erhalten und von weitem gut sichtbar ist.

Ruine „Stecklenburg"

Nach dem Besuch der Lauenburg können wir uns die Ruine „Stecklenburg" ansehen, die sich ca. 250 Meter über der Ort Stecklenberg erhebt und auf der „halben" Wegestrecke zur Lauenburg liegt. Während ein „Gero von Stecklenburg" bereits 1129 eine urkundliche Erwähnung fand, wurde die Burg erstmals 1281 als „castrum Stecklenborgk" als Eigentum der Bischöfe von Halberstadt genannt. Der Oberförster von Thale schlug 1850 vor, die Ruine „als schauerliches Denkmal grauester Vorzeiten" zu erhalten. Ihm es zu verdanken, dass der weitere Abbruch der Burganlage eingestellt wurde.

Kurort Stecklenberg im Harz

Nach der Besichtigung der beiden Burgen sollten wir dem staatlich anerkannten Kurort Stecklenberg im Harz einen Besuch abstatten. Sehenswert ist der Kurpark, in dem

Stecklenburg: Kirche

sich die im 19. Jahrhundert entdeckte Chlor-Calcium-Quelle befindet. Im Jahre 1923 wurde die Quelle erstmals in Stein eingefasst. Der Kurpark wurde mit einer Wasserachse gestaltet. Eine große Rutschbahn ist für die Kinder eine Attraktion. Ein Modell der Lauenburg, das im Park im Maßstab 1:20 aufgestellt wurde, vermittelt dem Betrachter nochmals die gewaltigen Dimensionen der ehemaligen Reichsburg.
Das von Baron Bussche-Streithorst erbaute Schloss wurde zum „Hotel Schloss Stecklenberg" umgebaut.

Bad Suderode

Der Nachbarort Bad Suderode mit seinem Soleheilbad und dem Kulturzentrum kann zu Fuß erwandert werden. Der „Behringer Brunnen" zählt zu den stärksten Calciumquellen Europas. Die Calcium-Quelle sprudelt seit 1480 als das "gute Wasser". Im Kurzentrum gibt es ein 32 Grad Celsius warmes Calciumsolebad mit Saunalandschaft, Badehaus und Tagungszentrum. Die Heilwirkung betrifft vor allem Knochen, Rücken, Kreislauf und Atemwege.

Bad Suderode, Behringer-Brunnen mit Kurzentrum

Stiftskirche Gernrode

Markgraf Gero errichtete bereits vor 950 oberhalb des Steinbaches die Burg „Geronisroth" als Schutzburg. Er begann mit dem Bau der Stiftskirche St. Cyriakus, die zu den ältesten Kirchen nördlich der Alpen zählt. Sie ist der einzige Frühottonische Kirchenbau, der seine Gestalt

Stiftskirche St. Cyriakus

über die Jahrhunderte beibehalten konnte. Einmalig für Deutschland ist die Darstellung der aus Blattwerk heraus wachsenden Menschenköpfe in der Gestaltung der Kapitelle. Im südlichen Seitenschiff befindet sich die älteste deutsche Nachbildung des „Heiligen Grabes" (um 1100). Sehenswert sind auch das Grabmal des Grafen Gero, der Kreuzgang an der Südseite, der romanische Taufstein, das Tympanon des Hauptportals und die Grabsteine von Äbtissinnen aus verschiedenen Jahrhunderten.

DER SACHSENKRIEG

Die Übergriffe der königlichen Burgbesatzungen auf die freien Bauern sowie den sächsischen Adel häuften sich. Sie unternahmen Beutezüge in der näheren Umgebung und zwangen Freie zu Frondiensten, vergriffen sich an der „Ehre" der sächsischen Frauen. Es war kein Einzellfall, wo die Krone versuchte, die sächsischen Edlen von ihren Besitz zu verdrängen.
Dies wollen wir am Beispiel eines Adelsgeschlechts aus der Region Querfurt/Süßer See aufzeigen. Cristin von Querfurt, der zweitgeborene Sohn des Edlen Gebhard I. von Querfurt, erhielt aus dem väterlichen Besitz die Herrschaften Seeburg und Lutisburg zugesprochen. Er stiftete die Linien der Edlen von Lutisburg und der Grafen von Seeburg.

Wilhelm von Lutisburg Opfer des König

Der Kampf zwischen Krone und den sächsischen Edlen hinterließ auch Spuren in der Familie Cristins. Direkt von den Ereignissen betroffen war sein älterer Sohn Wilhelm von Lutisburg (Lutisleve). So berichtete der „sächsische Annalist" über das Jahr 1067, dass der König „dem Wilhelm von Lutisleve", d. h. dem Wilhelm von Lutisburg, „Cristins Sohn", sein Erbe habe entreißen wollen.

Heinrich IV. „verprellt" die Fürsten

Heinrich IV. trieb die Sache auf die Spitze als er die sächsischen Fürsten in Goslar verprellte. Er hatte diese um das Peter-und-Pauls-Fest am 29. Juni 1073 nach Goslar geladen, um sich mit ihnen über das angespannte Verhältnis zwischen Krone und den Sachsen auszusprechen. Wie Bruno berichtet, eilten alle freudig dahin, „weil sie hoff-

Die Seeburg um 1350

ten, dass jetzt die Leiden, welche Sachsen schon so lange zu erdulden hatte, endlich einmal ein Ende finden würden." Heinrich ließ jedoch die sächsischen Edlen stundenlang in den Vorräumen warten, während er sich mit seinen Genossen beim Würfelspiel im Inneren der Burg belustigte. „So verging der ganze Tag, ohne dass er oder ein Bote[...] zu ihnen herauskam. Als aber die Nacht schon angebrochen war, kam einer von seinen Höflingen heraus und fragte die Fürsten in höhnischer Weise, wie lange sie dort noch zu warten gedächten, da der König schon durch eine andere Tür die Pfalz" verlassen und sich nach der Harzburg begeben habe. Diese „Beschimpfung" empörte die sächsischen Edlen heftig. Nur mit Mühe konnten sie durch Dedo Markgraf der Niederlausitz beschwichtigt werden. Noch in derselben Nacht kamen die Fürsten überein, eine Tagfahrt der Sachsen einzuberufen.

Heinrich IV.

Wormsleben, Heilige-Kreuz-Kirche

Tagfahrt der Sachsen

Ende Juli 1073 kamen die Fürsten, Grafen, Edlen und freien Bauern aus ganz Sachsen vermutlich in Wormsleben zusammen, das nur einen Katzensprung von Seeburg entfernt liegt. Andere Historiker geben den Ort Hötesleben im Kreis Oschersleben als Versammlungsort an. Nach der Tradition der Väter wollten hier die Sachsen unter freiem Himmel Gericht halten. Erich Neuß bemerkte hierzu: "Wir werden wohl die flach geneigten, nach dem See gewendeten Hänge östlich oder westlich Wormslebens als den Versammlungsplatz anzunehmen haben. Er konnte kaum besser gewählt sein. Zu seinen Füßen der See mit den Wiesen zum Tränken und Weiden der Rosse, auf den Höhen die damals noch ausgedehnten Waldungen", die Feuerholz spendeten, „in den Schluchten aber rauschten die kühlen Quellen".

Beschwerden der Fürsten

Otto von Northeim, der entmachtete Herzog von Bayern, bestieg einen Hügel und eröffnete die Versammlung und erörterte die allgemeine Lage in Sachsen. „Damit aber Nichts unüberlegt und in Übereilung geschehe", erklärte er, „solle jeder hier öffentlich seine besonderen Beschwerden gegen den König vortragen, dann aber die Gesamtheit entscheiden, ob hinreichend Grund vorhanden sei, die Waffen gegen ihn zu erheben." Zuerst beschwerte sich der Erzbischof Werner von Magdeburg über die Beraubung seines Erzstiftes durch den König. Ihm folgte Burchard II., der Bischof von Halberstadt. Erneut ergriff Otto von Northeim das Wort und beklagte sich wegen der Entsetzung seines Herzogtums durch den König. Er erläuterte ferner, dass die vom König in Sachsen errichteten Burgen nicht zur Abwehr der Heiden (Slawen) gebaut worden waren. Denn die Burgen befänden sich nicht an den Grenzen des Landes, wo normalerweise Feinde abgewehrt würden, sondern in dessen Mitte, wohin sich die Heiden bisher noch nicht gewagt hätten.

Ferner beklagte er, dass die Sachsen von Fremden geknechtet würden und forderte, dass Heinrich nicht mehr König sein solle, wenn er seine Machtvollkommenheit überschritte. Anschließend trug Friedrich II. von Goseck,

Kloster Ilsenburg, Grabstätte Burchard II.

der von 1056 bis 1088 Pfalzgraf von Sachsen war, seine Beschwerden über den König vor. Doch all die von den Fürsten vorgetragenen Verfehlungen des Königs machten wenig Eindruck auf die freien Bauern.

Friedrich und Wilhelms Beschwerde

Erst mit dem Auftreten des Friedrich vom Berge und des Wilhelm von Lodersleben wurde die Stimmung gegen Heinrich IV. „angeheizt". So beteuerte Friedrich vom Berge, dass ihm der König die freie Geburt bestritten und ihn als Ministerialen, d. h. als unfreien Dienstmann in Anspruch genommen hätte.

Willehalm, gemeint ist Wilhelm von Lutisburg, der „wegen seiner übertriebenen Prachtliebe der König von Lothesleben" genannt wurde, beklagte, er sei vom König mehrerer Güter beraubt worden. Bruno, der Verfasser des „Buch(es) vom Sachsenkrieg", stellte hierzu resümierend fest: „Jeder Habenichts und jeder Dahergelaufene hindert die Eingesessenen (Sachsen), den gemeinsamen Waldbezirk zu nutzen. Sie reißen das Weideland an sich und treiben Zugvieh und Herden weg, sie übergehen die Erben und nehmen mit Gewalt deren Eigen; auf jede Weise tun sie uns Unrecht." Verlust der von den Vätern ererbten Freiheit (patria Libertas) und des Eigentums, d. h. der Rechte der Vorfahren (iura maiorum), das eben war es, was die sächsischen Edelherren und freien Bauern fürchteten.

Deshalb schwor die Versammlung einen feierlichen Eid, „den jeder einzeln ablegte, die Bischöfe nämlich, dass sie, soweit sie es ohne Schaden ihres Standes vermöchten, die Freiheit ihrer Kirchen und ganz Sachsens gegen jedermann aus allen Kräften verteidigen wollten, die Laien aber, dass sie bis an ihren Tod ihre Freiheit nicht preisgeben und ihr Land fernerhin von niemand mit Gewalt ausplündern lassen wollten."

DER SÄCHSISCHE AUFSTAND

Es kam zum Aufstand, der für beide Seiten sehr wechselhaft verlief. Heinrich IV. konnte sich im Winter 1073/74 nur auf ein kleines Heer aus Ministerialen und Söldnern stützen, mit dem er an die hessisch-thüringische Grenze vorrückte. Seine Streitmacht konnte sich aber nicht mit den Aufgeboten der Sachsen und Thüringer messen. Er musste sich daher aufs Verhandeln verlegen. So lockte er Otto von Northeim mit dem Angebot, ihm das Herzogtum Bayern zurückzugeben. Auch die Forderungen der sächsischen und thüringischen Edlen wollte er erfüllen, die in „Brunos Buch vom Sachsenkrieg" für die Nachwelt festgehalten wurden. Sie lauteten: „Er (Heinrich) müsse seine Burgen zerstören und dürfe sie nie wieder herstellen; er (Heinrich) dürfe ihr Land nicht mehr plündern und müsse in Sachsen alle Anordnungen nach dem Rat der Sachsen treffen; er (Heinrich) dürfe keinen Mann aus fremden Stamm als Berater bei ihren Angelegenheiten hinzuziehen und sich niemals an einen von ihnen wegen seiner Vertreibung rächen."

DER FRIEDE VON GERSTUNGEN (1074)

Als Heinrich IV. alles akzeptierte, schlossen beide Parteien im Februar 1074 den Vertrag von Gerstungen. Die zentrale Forderung war auf die Abtragung der königlichen Burgen in Sachsen und Thüringen gerichtet, die teilweise gewaltsam erfolgte. So weisen Brandschichten auf die Belagerung und Zerstörung der Hasenburg während des sächsisch-thüringischen Aufstands im Jahre 1074 hin. In den Annalen des Lampert von Hersfeld wurde die Heimburg 1073 als Burg des Salierkönigs Heinrich IV. erwähnt. Die Belagerung der Heimburg stand unter der Leitung des Pfalzgrafen Friedrich von Goseck. Sie wurde von den Sachsen erobert. Die Spatenburg hatte Heinrich IV. im Jahre 1070 zur Sicherung des Reichsgutlandes am Südharz errichten lassen. Eine erste Bewährung bestand die Burg 1073. Sie wurde von den Aufständischen Thüringern und Sachsen belagert, konnte jedoch nicht erobert werden. Im Frieden von Gerstungen im Jahre 1074 musste Heinrich IV. der Schleifung der Spatenburg zustimmen. Auch der Sachsenstein wurde im Gefolge des Friedens von Gerstungen durch die Sachsen und Thüringer besetzt und zerstört. Im westlichen Teil der Hasenburg weisen Brandschichten auf die Belagerung und Zerstörung der Burg während des sächsisch-thüringischen Aufstands gegen Heinrich IV. im Jahre 1074 hin.

Zerstörung der Harzburg

Im Frieden von Gerstungen war die Schleifung der Harzburg, eine der wichtigsten Burgen Heinrich IV. in Sachsen, erzwungen worden. Es war vereinbart worden, dass von der Harzburg nur der „ Mauerrand" und die Festungswerke niedergerissen werden sollten. Die Zerstörung des Münsters und der anderen kirchlichen Gebäude war nicht vorgesehen. Die sächsischen Bauern, die mit der Abtragung beauftragt waren, hielten sich jedoch nicht an diese Vereinbarung. Sie sahen die Gefahr, die in dieser Einschränkung lag. Die Burg hätte relativ schnell wieder aufgebaut werden können. Die Bauern stürmten in wilden Haufen den steilen Burgberg hinauf und zerstörten in blinder Wut alles bis auf den Grund. In grenzenloser Leidenschaft wurden alle Kostbarkeiten geraubt. Die Altäre wurden zerschlagen und die Reliquien aus den Schreinen gerissen. Das herrliche Münster ging in Flammen auf. Selbst die Totenruhe wurde gestört. Die Grabanlagen wurden geöffnet. Die modernden Gebeine von Heinrichs jüngerem Bruder Konrad und die seines eigenen Sohnes (Heinrich) wurden in alle Winde zerstreut.

Der sächsische Adel wird „verschreckt"

Diese selbständigen Aktionen der bewaffneten Bauern verschreckten große Teile des sächsischen Adels. Viele gingen nun auf die Seite des Königs über beziehungsweise versuchten einen Ausgleich mit ihm zu erreichen. Selbst Friedrich vom Berge und Wilhelm von Lodersleben, die Männer, deren Beschwerden maßgeblich den Aufstand der Sachsen entzündet hatten, schlugen sich in das Lager der Gefolgsleute des Königs. Bruno konstatierte daher sarkastisch: „Aber Willehalm, mit dem Beinamen der König, und Friederich vom Berge vergaßen, als sie sahen, dass der Krieg bereits offen begonnen habe, des Eides, den sie mit den übrigen Sachsen geschworen hatten[...] so wie dass sie selbst ein Hauptanlass gewesen waren, den Krieg zu beginnen, verließen treulos ihr Vaterland, und gingen mit noch ärgerer Untreue bei nächtlicher Weile hinüber zu dem Könige, dem Feinde ihres Vaterlandes."
Heinrich IV. war jedoch nach dem an seiner Familie begangenem Frevel nicht bereit, einzulenken. Jetzt konnten nur noch die Waffen entscheiden.

Große Harzburg, Reste eines viereckigen Turms (saniert)

DIE SCHLACHT BEI HOMBURG

Das Heerlager des Königs

Heinrich IV. hatte die Sammlung des Heeres für den 8. Juni 1075 nach Breitenbach an der Fulda bestimmt. Hier befand sich ein Königshof, der zum Kloster Hersfeld gehörte und sicherlich zur Versorgung des Heeres diente. Etwa 50 Meter stromabwärts der heutigen Fuldabrücke befand sich eine Furt. Heute ist Breitenbach ein Stadtteil von Bebra. Am 8. Juni hatten sich alle geistlichen und weltlichen Fürsten des Reiches persönlich im Heerlager eingefunden. Wie Meyer von Knonau hervorhebt, bezeugten die Annalisten übereinstimmend, dass „seit allem Gedenken niemals im deutschen Reiche von einem Könige ein so großes, so starkes, sowohl kriegerisch gestaltetes Heer zusammengebracht worden“ sei.

Heinrich der Vierte. 1056—1106.

Nur Anno, der Erzbischof von Köln fehlte. Er befand sich zum Zeitpunkt der Schlacht im fortgeschrittenen Alter von etwa 65 Jahren. Zum anderen hatte er Gewissensbedenken gegen seine nächsten Verwandten, die sich im sächsischen Lager befanden, die Waffen zu führen. Er hatte jedoch ein starkes Aufgebot zur Unterstützung Heinrichs geschickt. Auch Dietwin Bischof von Lüttich konnte aus gesundheitlichen Gründen die beschwerliche Heerfahrt nicht antreten. Er entsandte zur Unterstützung seines Verwandten Heinrich IV. Mannschaften seines Bistums.

Abt trifft Schlag

Wie beschwerlich eine Heerfahrt im Mittelalter war, wird am Schicksal von Widerad Abt von Fulda sichtbar. Der betagte Abt Widerad von Fulda, der von Jugend an auf einem Fuß lahmte und seit Jahren seine Gliedmaßen kaum noch gebrauchen konnte, ließ sich auf einem Wagen nach Breitenbach bringen. Das unruhige Lagerleben bewirkte jedoch, dass er einen Schlaganfall erlitt, der ihn der Sprache beraubte. Er wurde daraufhin in sein Kloster nach Fulda zurück gebracht, wo er nach wenigen Wochen am 16. Juli 1075 verstarb.

Die Herzöge des Königs

König Heinrich IV. stützte sich auf die Heerfolge seiner Herzöge. Im Feldlager erschien der tapfere Herzog Rudolf von Schwaben, der an der Spitze des schwäbischen Aufgebots und den Truppen aus seinen burgundischen Erbgütern stand. Die kampferprobten bayrischen Truppen führte Herzog Welf IV. von Bayern an. Berthold I. der Bärtige, Herzog von Kärnten, befand sich mit seinen Mannen und Gauleuten ebenfalls im Lager. Herzog Gottfried IV. der Bucklige von Nieder-Lothringen, der stets große Beherztheit an den Tag legte, war mit seiner „Jungmannschaft“ dem Ruf des Königs gefolgt. Dies trifft auch auf Herzog Dietrich II. von Ober-Lothringen zu, der seine zum Reiterkampf erfahrenen Ritter anführte. Der Herzog Vratislav II. von Böhmen war mit einem so mächtigen Zug von Kriegern erschienen, dass er im Lager prahlte, allein die Sachsen zu schlagen. Die am Rhein wohnenden Franken und das städtische Aufgebot der königstreuen Stadt Worms waren mit ihren Rittern und Kriegern im Lager. Auch Aufgebote aus Westfalen sowie aus Friesland befanden sich im Heer des Königs.

Vratislav II. von Böhmen (Denar)

Aufbruch des Heeres

Am 8. Juni 1075 brach der König mit dem Heer von Breitenbach auf und rückte bis Ellen, dem heutigen Oberellen westlich von Eisenach vor. Bereits am frühen Morgen des folgenden Tages marschierte das Heer weiter und erreichte am Vormittag Behringen, ein Dorf auf halbem

Weg zwischen Eisenach und Langensalza. Mit diesem Gewaltmarsch vereitelte das königliche Heer die Absicht der Sachsen, hier ihren Aufmarsch vorzunehmen. Beide Heere trennten jetzt höchstens noch zwei Meilen voneinander. Die Truppen waren durch den Vormarsch stark erschöpft, sodass der König hier ein Lager aufschlagen ließ. In dieser Situation überbrachten Späher die Nachricht, dass der Aufmarsch der sächsisch/thüringischen Verbände noch nicht abgeschlossen war. Die gegnerischen Kräfte waren weit auseinander gezogen und befanden sich in zwei getrennten Lagern.

Lager der Sachsen

Die Sachsen hatten die Nähe des Feindes vermutlich noch nicht bemerkt. In dieser Situation drängte Rudolf von Schwaben den König den Vormarsch weiter voran zu treiben. Das königliche Heer begann sich unter ihren herzoglichen Führern zum Kampf zu ordnen.

Heerlager der Sachsen

Das Heer der aufständischen Sachsen und Thüringer bestand sowohl aus dem Aufgebot des Adels als auch aus freien Bauern. In Brunos „Buch vom Sachsenkrieg" wird eindrucksvoll über den Aufbruch des sächsischen Landvolkes berichtet: „Alle Bauern zerbrachen ihr Ackergerät und machten Waffen daraus; an schwere Hacken schmiedeten sie zweischneidige Schwerter aus gebogenen Sicheln, und auf Stangen setzten sie Spitzen. Ein Teil hängte leichte Schilde an die Linke, die einen machten aus Eisen eine Art Reiterhelm, die anderen aus dreifachem Filz; eichene Knüppel für den Kampf bereiteten sie zu Tausenden und beschwerten sie mit Blei und Eisen. Auf tausenderlei Art bewaffneten sich die Bauernhaufen zum Krieg."

Als Heinrich IV. in Breitenbach eintraf, hatten die Sachsen ihren vorgesehenen Sammelplatz bei Lupnitz (Lupinzgowe) in der Nähe von Eisenach noch nicht erreicht. Sie zogen an Nägelstedt und Langensalza vorbei und schlugen unweit von Homburg (Hohenburg) gegenüber Thamsbrück an der Unstrut ihr Lager auf. Ein Teil des sächsischen Aufgebotes befand sich noch im Anmarsch. Das sächsisch-thüringische Heer, das sich zu einem beachtlichen Teil aus freien Bauern rekrutierte, ordnete sich Männern wie Otto von Northeim, dem Herzog Magnus Billung von Sachsen u. a. unter. Von den geistlichen Führern der Sachsen waren mit Sicherheit Bischof Burchard II. von Halberstadt und wohl auch der Bischof Hezilo von Hildesheim im Aufgebot. Die Sachsen und Thüringer befanden sich zu diesem Zeitpunkt noch in dem Glauben, dass der König sie zu einer Ratsversammlung rufen würde.

Aufmarsch zur Schlacht

Erst als das Heer des Königs gegen die Unstrut und das Lager der Sachsen vorrückte, als die ritterlichen Marschkolonnen dicke Staubwolken weithin sichtbar aufwirbelten, wurde den Sachsen klar, in welcher Gefahr sie schwebten. In fünf Treffen, wie einst auf dem Marschfeld, nur in anderer Reihenfolge rückte die königliche Streitmacht heran. An der Spitze marschierten die Schwaben. Sie hatten die „Ehre" des vordersten Treffens inne und mussten folglich zuerst an den Feind geraten. Ihrem Treffen waren die Mannen und Gauleute Herzog Bertholds von Kärnten zugeordnet, die dieser persönlich führte. Es folgte das Treffen der Bayern. König Heinrich, der von einer auserlesenen Ritterschar umgeben war, befand sich während des Marsches im mittleren Treffen bei den Rheinfranken. Ihm folgten die Lothringer. Der Herzog der Böhmen bildete die Nachhut. Es ist zu vermuten, dass sich der sächsische Edle Wiprecht der Ältere von Groitzsch in seinen Reihen befand. Das plötzliche Auftauchen der königlichen Streitmacht überraschte die Aufständischen. Jener Teil der

Der Schlachtbeginn

Autor: Steffen Schneider, Eisleben

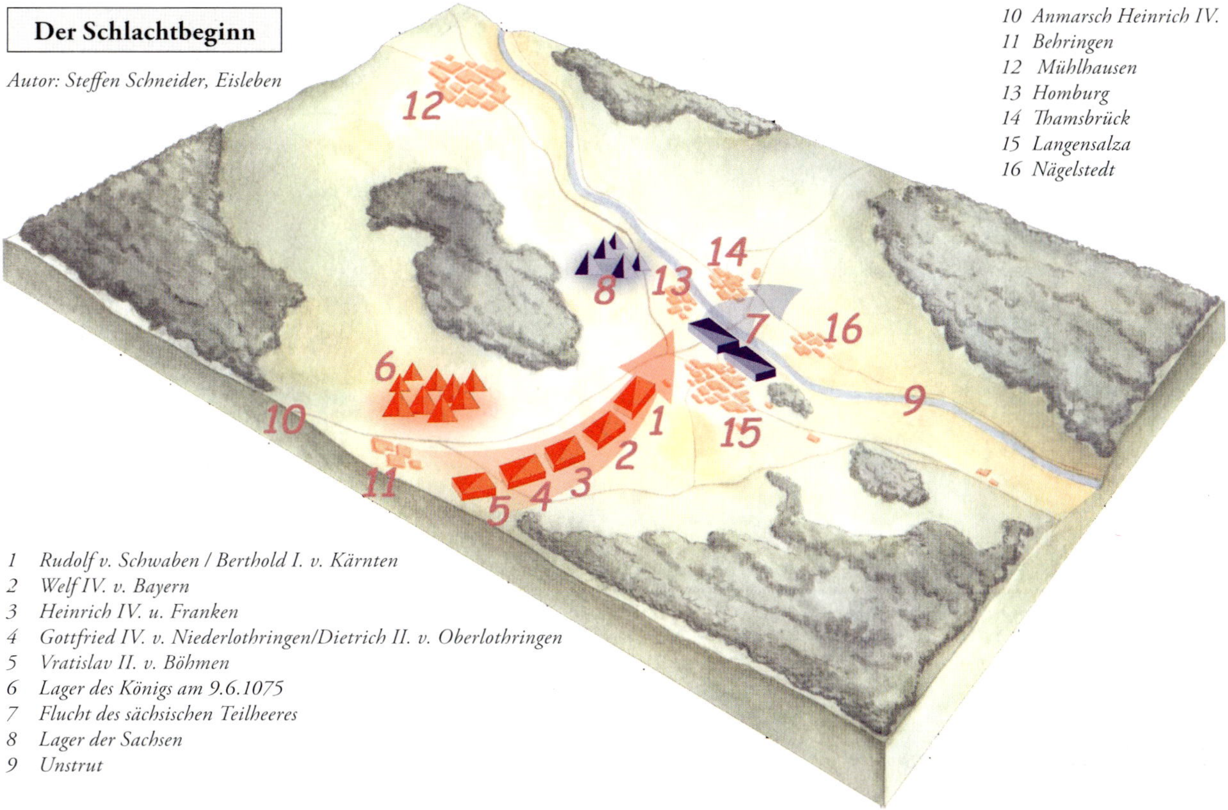

10 Anmarsch Heinrich IV.
11 Behringen
12 Mühlhausen
13 Homburg
14 Thamsbrück
15 Langensalza
16 Nägelstedt

1 Rudolf v. Schwaben / Berthold I. v. Kärnten
2 Welf IV. v. Bayern
3 Heinrich IV. u. Franken
4 Gottfried IV. v. Niederlothringen/Dietrich II. v. Oberlothringen
5 Vratislav II. v. Böhmen
6 Lager des Königs am 9.6.1075
7 Flucht des sächsischen Teilheeres
8 Lager der Sachsen
9 Unstrut

Sachsen, der sich noch auf dem Anmarsch befand, floh bei der Nachricht, dass sich das königliche Heer zum Kampfe rüste. Der andere Teil, der sich bei Homburg im Lager befand, stürzte zu den Waffen und sprengte ungeordnet in großer Wucht auf den Feind. Um die Mittagsstunde begann so der Kampf.

Beginn der Schlacht

Die Schlacht eröffneten die Schwaben, die sich an der Spitze des Heerwurmes befanden. Im Reiterkampf versetzte Markgraf Udo von der Nordmark seinem Vetter Rudolf von Schwaben mit dem Schwert einen solchen Schlag auf den Kopf, dass dieser verwundet wurde. Nur die Festigkeit seines Helmes rettete ihm das Leben. Als die Schwaben wankten, wurden sie von den Bayern unterstützt, die inzwischen das Schlachtfeld erreicht hatten. Bei der Attacke des bayrischen Treffens wurde Markgraf Ernst von Bayern (Österreich) tödlich verwundet. Mit ihm fiel der etwa vierzigjährige schwäbische Graf Eberhard von Nellenburg und sein jüngerer Bruder Heinrich. Sie wurden im Reiterkampf von den Sachsen erschlagen. Auch die Bayern gerieten in Bedrängnis. Vor allem Otto von Northeim zeichnete sich als Ritter und Anführer zugleich aus. Er war ständig bemüht den Widerstand seiner Reihen zu festigen. Der Reiterkampf ging wohl in die zweite Stunde und die Schwaben und Bayern begannen zu weichen. Diese Situation schilderte der Chronist Lampert von Hersfeld wie folgt in seinen Annalen: „Die Schlacht hatte sich be-

Der Schlachtverlauf

Autor: Steffen Schneider, Eisleben

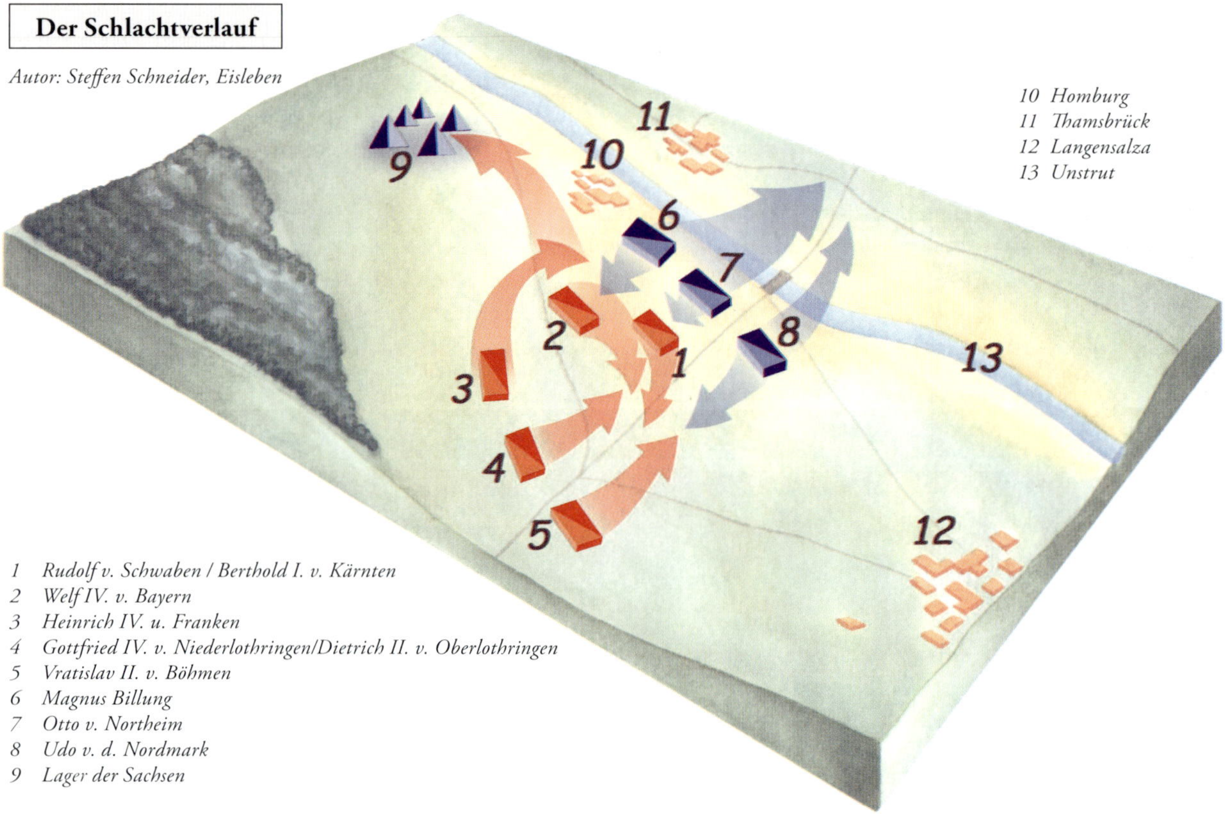

reits vom Mittag bis zur neunten Stunde hingezogen, und es war schon nahe daran, dass sich zwei Heerhaufen zweier Länder, Schwaben und Bayern, zur Flucht wandten, und wiederholt meldeten Boten dem König, dass ihre Leute in höchster Gefahr seien".

Franken wenden Schlachtgeschehen

Zwischenzeitlich waren die Franken auf das Schlachtfeld vorgerückt. Ihre Attacke sollte dem weiteren Verlauf der Schlacht eine entscheidende Wendung geben. Eine Schar unter dem Grafen Herrmann von Gleiberg griff die Sachsen in der Flanke an. Ihnen folgten die Bamberger. Die Sachsen mussten sich nun gegen zwei Seiten der Angriffe des Gegners erwehren.

In dieser Phase der Schlacht trafen auch die Lothringer unter Herzog Gottfried sowie der Böhme Vratislav auf dem Kampfplatz ein. Sie warfen sich mit ihren Reiterscharen den Sachsen und Thüringern entgegen. Otto von Northeim versuchte auch in dieser aussichtslosen Lage die Reihen der Sachsen geschlossen zu halten, doch dieser vereinten Wucht des königlichen Reiterheeres zeigten sich die Sachsen und Thüringer nicht gewachsen.

Flucht der sächsischen Reiterei

Die sächsischen Verbände begannen zu weichen. Dann lösten sich ihre Reihen auf und es begann eine wilde Flucht der berittenen sächsischen Edlen. Über zwei Meilen weit wurden sie verfolgt. Geschickt nutzten die Sach-

Unstrut bei Homburg

sen ihre Ortskenntnis und die Vorzüge ihrer schnellen und ausdauernden Pferde aus. Sie entkamen ihren Verfolgern ohne nennenswerte Verluste. Die Quellen berichten lediglich nur von drei Adligen, darunter ein Folkmar und ein Swidger, die getötet wurden. Die Reiter des Königs brachen daher die weitere Verfolgung ab.

Plünderung des sächsischen Lagers

Sie kehrten zum Schlachtfeld zurück und warfen sich auf das sächsische Lager, in dem sich vor allem das sächsische Fußvolk und die Masse der Bauern verschanzt hatten. Diese wurden erbarmungslos zusammengeschlagen und in die Unstrut gedrängt, in der sie einen jämmerlichen Tod erlitten. Auf dem Schlachtfeld blieben 8000 Sachsen und Thüringer, vor allem Bauern, sowie 1500 vom königlichen Heer, darunter 8 Reichsfürsten, als Tote zurück. So fielen die beiden Söhne des Grafen Eberhard I. von Nellenburg, Heinrich und Eberhard.

Unter den Toten auf sächsischer Seite war auch ein enger Verwandter der Familie der Grafen von Seeburg zu beklagen. Der Graf Gebhard von Süpplingenburg, Sohn des Grafen Bernhard im Nordthüringengau und der Ida von Querfurt, fiel.

Vormarsch bis Magdeburg

Kurz nach Sonnenuntergang kehrte der König als Sieger in sein Lager zurück. Hier blieb das königliche Heer wahrscheinlich über den 10. Juni hinaus. Dann drang es tiefer in das sächsische Territorium ein, um den auf dem Schlachtfeld errungen Sieg zu sichern und auszubauen. Plündernd und mordend zogen die Sieger bis nach Halberstadt und machten erst an den Grenzen der Diözese Magdeburg halt.

Die Demütigung der Sachsen bei Spier

Nach diesem Sieg forderte Heinrich IV. die vollständige Kapitulation des sächsischen Adels, wozu dieser jedoch nicht bereit war. Daher marschierte der König im Herbst 1075 erneut mit Heeresmacht in Sachsen ein. Es kam jedoch nicht zu Kampf.

Der König schickte am 24. Oktober 1075 die Erzbischöfe Siegfried von Mainz und Gebhard von Salzburg, die Bischöfe Embriko von Augsburg sowie Adelbero von Würzburg in Begleitung des Herzogs Gottfried von Lothringen in das sächsische Lager. Er forderte die Aufständischen auf sich bedingungslos zu unterwerfen. Da die Streitkräfte des Königs den Sachsen wesentlich überlegen waren, blieb diesen keine andere Wahl, sie mussten sich der Gnade des Königs ausliefern.

Am 26. Oktober 1075 erschienen die Aufständischen auf der Ebene von Spier bei Sondershausen, wo das Heer Heinrichs lagerte. Otto von Northeim, Herzog Magnus, der Erzbischof Wenzel von Magdeburg, Bischof Burchard von Halberstadt, Pfalzgraf Friedrich, die sächsischen Grafen Dietrich II. von Katlenburg und Adelbert von Ballenstedt, die thüringischen Grafen Rüdiger (Ruodger) von Bielstein, Syzzo von Schwarzburg und Berengar von Sangerhausen sowie ein langer Zug sächsischer Edler, die alle barfuss durch eine von den Rittern des Königs gebildete lange Gasse schreiten mussten, unterwarfen sich hier demütig Heinrich IV., der somit zunächst als Sieger aus diesem Kampf hervorging.

Burgturm von Thamsbrück

Der Bergfried ist der letzte Zeuge der 1149 von den Landgrafen von Thüringen erbauten Burg. Die Burg hatte eine Fläche von 84 x 45 Meter und lag an der höchsten Stelle über der Unstrut in der Südwestecke von Thamsbrück. Im Jahre 1490 saß hier der letzte Amtmann. Die Burg wurde Mitte des 19. Jahrhunderts abgetragen, um für einen Fabrikneubau Platz zu machen. Lediglich der 27 Meter hohe Turm, der eine Seitenlänge von 6 x 6 Metern und eine Mauerstärke von 1,8 Metern hatte, blieb stehen.

Thamsbrück

Schloss Behringen

Behringen, ein Dorf auf halbem Weg zwischen Eisenach und Langensalza, ist jener Ort, wo am frühen Morgen des 9. Juni 1075 das Heer Heinrich IV. einrückte und ein Lager errichtete. Heute ist Behringen ein Ortsteil der Gemeinde Hörselberg-Hainich im Wartburgkreis im Bundesland Thüringen. Hier finden wir ein Schloss, das ab 1547 von der Familie von Wangenheim im Renaissance-Stil erbaut wurde. Mit viel Liebe und Sachkunde wurde es saniert und am 2. Juli 2005 als „Schlosshotel Behringen“ eröffnet.

Bad Langensalza

Das Stadtmuseum ist im Augustinerkloster untergebracht. Der Kirchturm, Teile des Ostflügels mit einer spätgotischen Kapelle, Reste des Westflügels sowie der Kreuzgang der gotischen Anlage sind erhalten. Die ständige Ausstellung zur Stadtgeschichte wird durch Sonderausstellungen ergänzt.

Blick zum ehemaligen Augustinerkloster

Sehr zu empfehlen ist der Besuch einer der vielen Parks bzw. Gärten von Langensalza. Ob es das Arboretum, der Botanische Garten, der Japanische Garten, der Kurpark, der Rosengarten, der Magnoliengarten, der Schlösschenpark oder der Stadt-Umland-Garten ist, alle bieten „Erlebnis“ und Erholung.

Blick vom Arboretum zum Stadtzentrum

DIE ZEIT DER GEGENKÖNIGE

Am 28. Januar 1077, d. h. 5 Tage vor „Jahr und Tag", löste Papst Gregor VII. den Kirchenbann über Heinrich IV. und behandelte ihn als König. Während Heinrich in Italien weilte versammelten sich die gegnerischen Fürsten im fränkischen Forchheim. Hier erklärte die Fürstenopposition am 15. März 1077 Heinrich IV. für abgesetzt. Zwei päpstliche Legaten waren bei diesem Akt anwesend und unternahmen nichts. Unter dem maßgeblichen Einfluss von Erzbischof Siegfried I. von Mainz wurde Rudolf von Rheinfelden, Herzog von Schwaben, zum Gegenkönig gewählt. Am 26. März 1077 erfolgte in Mainz seine Salbung zum König. Rudolf versprach den anwesenden Fürsten bei der Besetzung der Bischofsstühle keinerlei Simonistische Praktiken anzuwenden. Ferner versprach er den Fürsten das Wahlrecht bei der Königserhebung, verzichtete somit auf das dynastische Prinzip.

Siegel Rudolf von Rheinfelden

Als Heinrich IV. nach Deutschland zurückkehrte, traten viele Bischöfe und Grafen auf seine Seite über. Daraufhin belegte Heinrich IV. den Gegenkönig Rudolf von Schwaben im Juni 1077 mit der Reichsacht. Rudolf zog sich auf sächsisches Territorium zurück. Hier war er der Unterstützung durch die sächsischen Fürsten sicher.

Über das weitere Schicksal der „beiden" Könige mussten die Waffen entscheiden.

DIE SCHLACHT BEI MELLRICHSTADT

Mitte des Jahres 1078 hatten sowohl Heinrich IV. als auch Rudolf von Schwaben ihre Rüstungen und Kampfvorbereitungen abgeschlossen. Nach Rudolfs Plan sollten die oberdeutschen Verbündeten, der Herzog Berthold von Schwaben und der Herzog Welf IV. von Bayern, den Sachsen entgegen ziehen und sich mit Ihnen vereinen. Diesen Zusammenschluss verhinderte Heinrich IV. durch ein Aufgebot von mehr als zwölftausend fränkischen Bauern des Umlandes, die er mit Waffen ausrüsten ließ. Sie lagerten am Neckar und versperrten den Weitermarsch der Schwaben und Bayern.

Heinrich konnte sich Dank dieser „Rückendeckung" in nördlicher Richtung bewegen und zog Rudolf entgegen. Rudolf marschierte von Thüringen kommend heran. Einige Kilometer oberhalb der Einmündung des kleinen Flüsschens Streu in die fränkische Saale trafen sich die Heere bei Mellrichstadt an der Grenze von Thüringen und Franken. Das Schlachtfeld war auf dem „Grafenberg" zwischen Mellrichstadt und Oberstreu in Unterfranken am Fuß der Rhön.

Beginn der Schlacht

Am 7. August 1078, einem Dienstag, kam es zur Schlacht. Durch sein rasches Vorrücken stieß Rudolf unvermittelt auf das Heer Heinrichs. Es entwickelte sich eine „reine" Ritterschlacht. Der Kampf wogte unaufhörlich hin und her und wurde sehr grausam geführt. Mal wichen die Königlichen zurück, bald flohen Abteilungen der Sachsen. Wie Bruno berichtet, gingen den Sachsen sogar Gefangene „verloren" und wurden wieder befreit.

Flucht der kirchlichen Würdenträger

Heinrich siegte auf seinem Flügel über das sächsische Heer. Hier standen die Truppen der Erzbischöfe von Magdeburg und Mainz sowie der Bischöfe von Halberstadt, Merseburg, Würzburg und Worms. Der Erzbischof Werner von Magdeburg, der sich im Heer Rudolfs befand, floh als einer der ersten aus dem sächsischen Heer. Wie Bruno mit Spott bemerkte, sei er bereits durch den Anblick der Kämpfenden „Flüchtig geworden". Ihm folgte im Schlepptau der Bischof Werner von Merseburg. Diese Flucht hatte zur Folge, dass viele Ritter dieses Flügels dies als Signal zum Rückzug sahen und ihren „Führern" folgten. Als Rudolf den Rückzug eines seiner Flügel bemerkte, glaubte er, das gesamte Heer sei auf der Flucht. Rudolf war ein anerkannt sehr tapferer Mann. Seine Versuche, die fliehenden Reitermassen zum Stehen zu bringen, scheiterten.

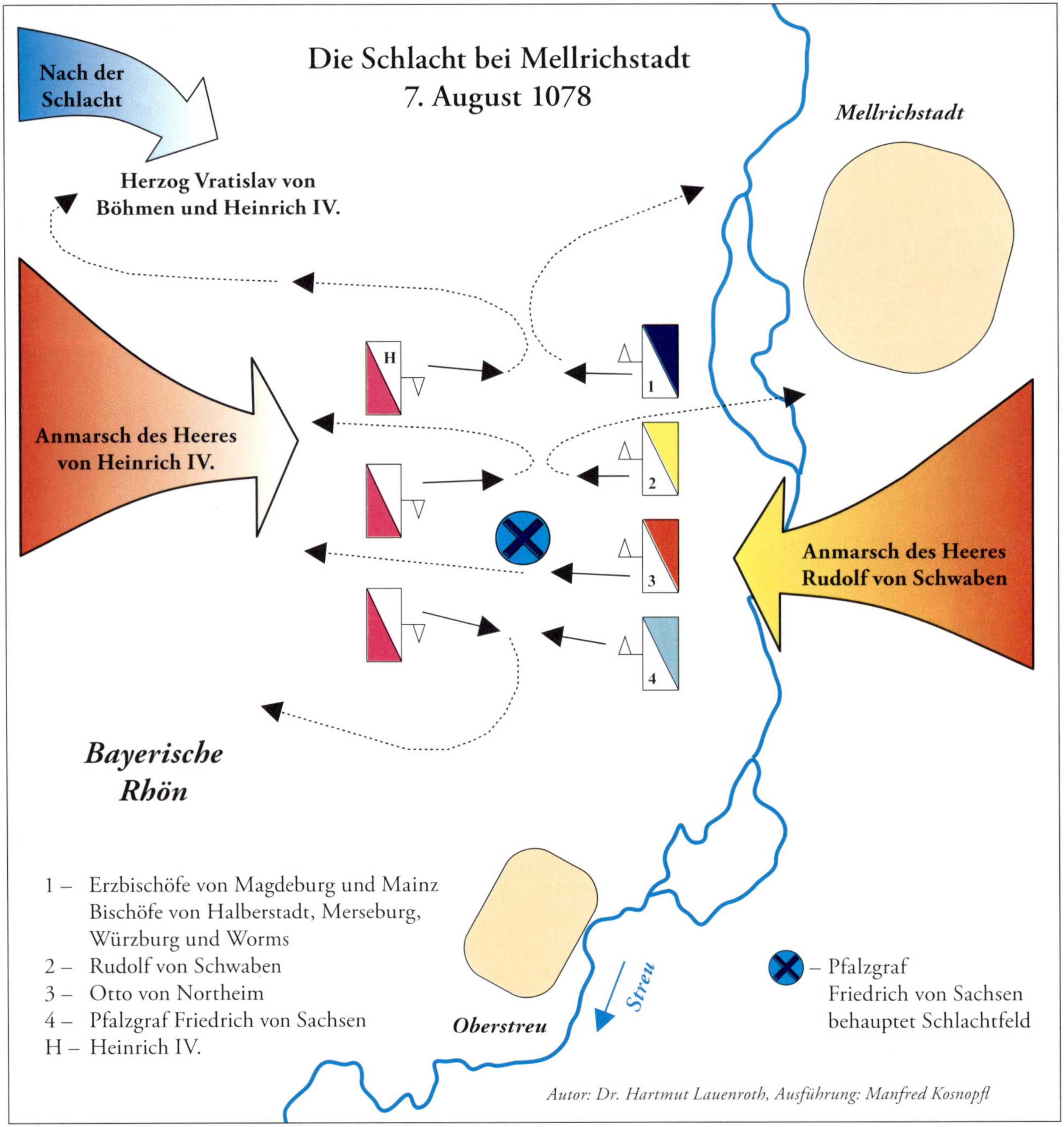
Die Schlacht bei Mellrichstadt
7. August 1078
Nach der Schlacht
Herzog Vratislav von Böhmen und Heinrich IV.
Mellrichstadt
H
1
2
3
4
Anmarsch des Heeres von Heinrich IV.
Anmarsch des Heeres Rudolf von Schwaben
Bayerische Rhön
1 – Erzbischöfe von Magdeburg und Mainz Bischöfe von Halberstadt, Merseburg, Würzburg und Worms
2 – Rudolf von Schwaben
3 – Otto von Northeim
4 – Pfalzgraf Friedrich von Sachsen
H – Heinrich IV.
Oberstreu
Streu
– Pfalzgraf Friedrich von Sachsen behauptet Schlachtfeld
Autor: Dr. Hartmut Lauenroth, Ausführung: Manfred Kosnopfl

Die Ausrüstung und Bewaffnung Ende d. 11./Anfang d. 12. Jahrhunderts. Entwurf und Ausführung: Steffen Schneider, Eisleben

Hans Delbrück bemerkte, dass es „nahezu ausgeschlossen ist, Ritter, die einmal fliehen, wieder zum Stehen zu bringen. Das ist selbst bei disziplinierter Kavallerie sehr schwer, bei Rittern aber nicht bloß psychologisch noch schwerer, sondern auch besonders deshalb nicht zu erreichen, weil man nicht imstande ist, etwa eine Aufnahmestellung zu nehmen, um durch ein hinhaltendes Gefecht die Lage zu klären." Rudolf verkannte die Situation des Schlachtgeschehens und begab sich auch auf den Rückzug.

Flucht Heinrich IV.

An anderen Stellen kämpfte das sächsische Heer erfolgreicher. Sowohl die Truppen Ottos von Northeim als auch des Pfalzgrafen Friedrich von Sachsen aus dem Hause Sommerschenburg drangen tief in die Schlachtreihen des königlichen Heeres ein und zwangen es zu Flucht. Auch König Heinrich IV. flüchtete vom Schlachtfeld. Die Sachsen nahmen die Verfolgung auf. Es gab aber keine Verbindung zwischen dem Pfalzgrafen Friedrich II. und Otto von Northeim, so dass es beiden ratsam schien die Verfolgung des Feindes abzubrechen. Der Pfalzgraf kehrte als erster auf das Schlachtfeld zurück. Otto folgte wenig später, glaubte aber, dass es sich um feindliche Truppen handelte und zog ab. Am 8. August wurde das Schlachtfeld nach „Trophäen" abgesucht und anschließend der Heimmarsch angetreten. Wenig später soll Heinrich IV. mit dem von Herzog Vratislav von Böhmen herbeigeführten Heer zum Schlachtfeld zurückgekehrt sein.

Verluste der Sachsen

Ein Teil der fliehenden sächsischen Fürsten wurde unterwegs von den Bauern ausgeplündert und umgebracht. Dies geschah dem Erzbischof Werner von Magdeburg, der als erster das Schlachtfeld verlassen hatte. Auf seiner Flucht Richtung Werra wurde er in einem Wald mit seinen Begleitern von Plünderern gefangen, die ihn und sein Gefolge ermordeten. So fand er ein unrühmliches Ende. Auch der mit ihm geflohene Bischof Werner von Merseburg wurde von Plünderern aufgegriffen. Er wurde bis auf sein letztes Hemd ausgeraubt, kam aber mit dem Leben davon.

Andere wurden gefangen genommen, ausgeraubt und zu König Heinrich geführt. So geschah es dem Herzog Magnus von Sachsen und seinem Onkel Graf Hermann. Mit Ihnen wurde auch der Bischof Adalbert II. von Worms gefangen genommen. Alle wurden König Heinrich IV. übergeben. Auch dem Grafen Wilhelm von Camburg wäre fast ein ähnliches Schicksal ereilt. Er wurde vom königlichen Rat, dem Grafen Gebhard, in Fesseln abgeführt und sollte Heinrich übergeben werden. Sächsische Reiter, die sich zurückzogen, bemerkten dies und schlugen Wilhelm aus der Gewalt des Grafen Gebhard heraus, der bei dieser Aktion tödlich verwundet wurde.

Verluste Heinrichs

Hier berichtet der Chronist Berthold von Reichenau, dass die Verluste auf Heinrichs Seite hoch waren. Er nennt die Zahl von fünftausend „Geringeren", vielleicht hat er hier die Verluste des Bauernheeres mit eingerechnet, und dreißig Edle. Auf der Seite Heinrich IV. fiel Graf Eberhard, Eberhard der Bärtige nennt ihn Bruno, ein maßgeblicher Ratgeber Heinrichs. Weiter verlor Heinrich den Grafen Poppo von Henneberg aus dem fränkischen Gau Grabfeld. Von den bayrischen Verbänden verloren Diepold II. von Vohburg, Markgraf vom bayrischen Nordgau, Heinrich Graf von Lechsgemünd und wohl auch Graf Sigahart ihr Leben.

Niederlage des Bauernheeres

Am 7. August 1078 fand eine weitere Schlacht statt. Den Herzögen Berthold von Schwaben und Welf IV. von Bayern gelang es an diesem Tag die bewaffneten Bauernscharen am Neckar vernichtend zu schlagen. Die zwölftausend Mann wurden „geworfen" und anschließend getötet oder „entmannt".

Resümee

Hans Delbrück konstatiert, dass „König Heinrich[...] trotz seiner Niederlage seinen strategischen Zweck, die beiden feindlichen Heere auseinander zu halten", erreicht hatte. „Man sollte erwarten, dass er sich jetzt gegen das schwäbische Heer wandte, umso mehr, als ihm der Böhmenherzog eben neue Truppen zuführte. Aber sei es nun, dass die flüchtenden Ritter Heinrichs ebenfalls gleich bis nach Hause gegangen waren, sei es aus anderen unbekannten Gründen – Heinrich tat zunächst nichts, sondern ging nach Bayern und sammelte erst im Oktober ein neues Heer zu einem Verwüstungsfeldzug gegen die Besitzungen seiner Widersacher in Schwaben." Zu guter Letzt behauptete der Pfalzgraf Friedrich von Sommerschenburg mit seinen Rittern das Schlachtfeld für die Sachsen. Er errang für Rudolf einen Sieg, der letztendlich strategisch nutzlos war.

Mellrichstadt

Wenn Sie in Mellrichstadt sind, so können Sie in den Monaten Mai bis Oktober eine nostalgische Reise mit dem „Rhön-Zügle" von Mellrichstadt nach Fladungen (und zurück) unternehmen. Auch ein Besuch des Heimatmuseums im Salzhaus ist zu empfehlen. Der imposante Fachwerkbau aus dem 16. Jahrhundert zeigt in drei Stockwerken das ortsansässige Handwerk. In der Museumsscheune werden landwirtschaftliche Themen präsentiert.
Nach diesen Anstrengungen können Sie sich im Hallen- und Wellenfreibad aktiv erholen.

Ritter mit Gefolge (Jahrbücher von Genua, 1190)

DIE SCHLACHT BEI FLARCHHEIM

Nach der Schlacht bei Mellrichstadt wurde deutlich, dass Rudolf von Schwaben militärisch zu schwach war, um eine strategische Offensive gegen Heinrich IV. zu eröffnen. Zugleich waren die Gegensätze zwischen den streitenden Parteien zu groß, um sie am Verhandlungstisch beilegen zu können. Um aus dieser Situation herauszukommen, gewährten die Anhänger des Königs ihm weitere Hilfe. Hierdurch wurde er in die Lage versetzt, Anfang des Jahres 1080 einen Winterfeldzug zu unternehmen. Wie Bruno im Sachsenkrieg schrieb, „sammelte Heinrich wieder eine nicht geringe Heeresmacht und gedachte in Sachsen einzufallen, weil er meinte, die Sachsen[...] würden zur Winterszeit nicht zahlreich ins Feld kommen."

Sächsische Große wechseln das Lager

Heinrich hatte die Jahre 1078/1079 genutzt, um eine Anzahl sächsischer Fürsten für sich zu gewinnen bzw. erreichte, dass sie sich neutral gegenüber ihm verhielten. Er hatte „mit seiner gewohnten Listigkeit die Sachsen mit vielen Versprechungen von einander getrennt" bemerkte Bruno, „so dass nicht lange vor dem Tage der Schlacht Widekin, Wiprecht und Theoderich, Geros Sohn, mit vielen anderen von den Sachsen zum Feinde übergingen".

Grabmal Wiprecht II. von Groitzsch (um 1230) in der St.-Laurentius-Kirche zu Pegau

Der hier genannte Wiprecht war mit Sicherheit Wiprecht II. der Ältere von Groitzsch. Er war der älteste Sohn Wiprecht I. und seiner Gemahlin Sigena von Leinungen. Nach seinem Übergang in das Lager Heinrichs scheint sich Wiprecht unverzüglich in die Dienste Vratislavs II. von Böhmen begeben zu haben, der in der Schlacht bei Flarchheim auf der Seite Heinrich IV. gegen Rudolf kämpfte.

Theoderich kann als Graf Dietrich von Brehna identifiziert werden. Einst war er mit seinen Brüdern Wilhelm von Camburg und Günther, Bischof von Naumburg, erbitterter Gegner Heinrich IV. gewesen. Dietrich und seine Brüder waren die Söhne des Grafen Gero von Brehna aus dem Hause der Wettiner und der Bertha von Schwarzburg. Der von Bruno oben genannte Widekin war vermutlich ein Ahnherr der Grafen von Schwalenberg.

Verweigerung der Heerfolge

Eine Anzahl sächsischer Fürsten hatte den Glauben an den Gegenkönig verloren und leistete Rudolf von Rheinfelden in der Schlacht bei Mellrichstadt keine Heerfolge. Hierzu zählten die Billunger Magnus und Hermann. Beide waren einst erklärte Feinde Heinrich IV., fanden jedoch zu einem Ausgleich mit dem König. Der Herzog Magnus von Sachsen (1071 – 1106) war der älteste Sohn des Herzogs Ordulf von Sachsen und der Wulfhilde von Norwegen, Tochter von König Olaf II. Sein Onkel Hermann war Graf in Sachsen.

Auch Graf Ekbert II. von Braunschweig, der spätere Markgraf von Meißen (1068 – 1090) ließ Rudolf von Schwaben im entscheidenden Moment im Stich. Wie Bruno schildert, erklärte sich „Markgraf Ekkibert mit seiner Schar" für keine der beiden Seiten. Er verweilte „zögernd in der Nähe der Walstatt[...], um den Ausgang des Kampfes abzuwarten, und dem Sieger mit Glückwünschen sich anzuschließen." Ekbert wurde am 3. Juli 1090 im Selketal erschlagen.

Heinrichs Aufmarsch

Heinrich IV. marschierte mit seinen Streitkräften von Süddeutschland in Richtung Sachsen heran. Rudolf ging ihm nach Thüringen entgegen. An einem Montag, 27. Januar 1080, trafen die Heere König Heinrichs IV. und des Gegenkönigs Rudolf von Rheinfelden unweit des Ortes

Flarchheim südlich von Mühlhausen erneut aufeinander. Nach den Berichten der Annalisten muss das Schlachtfeld südlich der heutigen Ortschaft Niederdorla, ca. sechs Kilometer südwestlich von Mühlhausen, und nördlich des Ortes Flarchheim, ca. neun Kilometer südlich von Mühlhausen, gelegen haben. Diese Orte liegen am Südostrand des Hainich, eines bewaldeten Höhenrückens im Nordwesten Thüringens. Das Geländeprofil des Schlachtfeldes ist durch ein sanft gewelltes Hügelland gekennzeichnet, das durch den Dingelsbach und dem Eichbach durchschnitten wird. Wie Bruno schildert „trafen denn beide Heere bei Flarchheim auf einander und lagerten sich so, dass zwischen ihnen ein nicht gar breiter, aber tiefer Bach floss." Ein heftiger Schneesturm und große Kälte sollen während der Schlacht getobt und den Kämpfenden zugesetzt haben.

Die Heere beider Parteien bestanden nur aus Rittern. Auf Heinrichs Seite soll neben dem bayrischen und fränkischen Aufgebot auch ein böhmisches Heer unter Herzog Vratislav II. von Böhmen mit einer Stärke von über 3000 Mann gestanden haben. Im königlichen Heer befand sich Herzog Friedrich von Schwaben mit seinem Aufgebot.

In Rudolfs Heer waren Otto von Northeim mit seinem Gefolge und Truppen des Magdeburger Erzbischofs Hartwig von Spangenheim. Auch die Erzbischöfe Siegfried I. von Mainz und Gebhard von Salzburg, die offene Feinde Heinrich IV. waren, haben sich wohl im Heer Rudolfs befunden. Rudolf postierte seine Streitkräfte auf einer kleinen Anhöhe hinter einem Bach. Sobald Heinrichs Heer den Bach überschreiten sollte und dessen Reihen bei der Forcierung in Unordnung geraten würden, wollten die Sachsen angreifen. Sie erhofften sich, „die aufsteigenden Feinde" leichter zurückwerfen zu können. „Dann gaben sie Herzog Otto den Auftrag, zuerst die Schlacht zu beginnen."

Heinrichs List

Heinrich IV. erkannte diese Absicht des Gegners und umging die Stellungen Rudolfs. Dieses Manöver muss den Sachsen entgangen sein, denn sie verharrten in ihrer Aufstellung und erwarteten den Angriff. Plötzlich hörten

Die Ausrüstung der Ritter Ende des 11./Anfang des 12. Jahrhunderts. Entwurf und Ausführung: Steffen Schneider, Eisleben

sie Waffenlärm in ihrem Rücken. In dieser Situation, so berichtet Bruno, „entsandte König Rudolf einen eiligen Boten an Herzog Otto und beschwor ihn bei Gott, dass er, seiner alten Tapferkeit gedenkend, sich nicht scheuen möge, nach der früheren Anordnung zuerst das Treffen zu beginnen.

Darauf erwiderte Herzog Otto, wenn die Feinde, wie man erwartet hatte, ihm zuerst gekommen wären, so würde er sich keineswegs vor ihrem stürmischen Angriff fürchten; jetzt aber könne er seine Schlachtordnung nicht umwenden; und deshalb bat er, dass die, gegen welche der Feind zuerst gekommen wäre, ihn auch mit ganzer Kraft empfangen möchten; sobald er könne, versprach er ihnen zu Hülfe zu kommen." Die Anhänger Rudolfs stimmten als Feldgeschrei die Losung „Sankt Peter" an.

Die Schlacht

Nach drei Uhr nachmittags soll die eigentliche Schlacht begonnen haben. Die Sachsen des ehemals letzten Treffens wandten sich rasch um, wurden jedoch trotz heftiger Gegenwehr von den Böhmen in die Flucht geschlagen. Vratislav Herzog von Böhmen, der auf der Seite Heinrichs kämpfte, erbeutete hierbei die goldene Königslanze Rudolfs. Später wies Heinrich IV. an, dass die goldene Lanze künftig bei feierlichen Anlässen von den Herzögen von Böhmen voran getragen wurde.

Während also die Böhmen zunächst siegreich waren, bot sich an anderer Stelle der Schlacht ein anderes Bild. Die Aufgebote der Bayern und der Franken wichen vor dem wütenden Angriff der Sachsen zurück.

Während des Gefechtes überfiel ein Trupp Sachsen das königliche Lager, tötete die Knappen und Schildträger sowie die Leute vom Tross. Rudolfs Leute bemächtigten sich einer ansehnlichen Beute. „Die Saumrosse, Fuhrwerke, alles Gepäck und was überhaupt an Lebensmitteln, Kleidern, weiterem Bedarf vorhanden war, aber auch Pferde, Waffen, dann Gewürze, kostbare Stoffe und reiche Gewänder, goldenes und silbernes Geschirr, alles wurde geplündert und weggeschleppt."

Wie die Chronisten berichten, soll Heinrich IV. das Schlachtfeld sehr früh verlassen haben. Bald löste sich das Gefecht in massenhafte Einzelkämpfe der Ritter auf, bis die Dunkelheit und der Schneesturm die Kämpfenden trennten.

Verluste

Das böhmische Heer sollte für seinen Anfangserfolg einen hohen Blutzoll zahlen. Nach den Überlieferungen wurden die Böhmen fast vollständig aufgerieben, d. h. einige hundert Böhmen, darunter der Burggraf von Prag, blieben tot auf dem Schlachtfeld zurück. Es wird auch ein „Folkmar" genannt, der jedoch keinem Adelsgeschlecht zugeordnet werden kann.

Auf Rudolfs Seite sollen nur 38 Mann gefallen sein, darunter zwei Edle. Wie Bruno berichtet, „fiel in jenem Treffen Meginfrid, der Burggraf von Magdeburg". Dieser hatte sich zu Beginn des Sachsenkrieges gegen Heinrich gestellt, sich aber dann altersbedingt „aus der Welt" zurückgezogen. Er griff in der Hoffnung auf Beute erneut zu den Waffen. Sein Tod wurde von seinen Zeitgenossen als eine Art „Gottesstrafe" angesehen.

Gab es einen Sieger?

Rudolf beanspruchte den Sieg für sich. Er sammelte im Verlaufe des Abends seine versprengten Scharen und hielt sich bis Mitternacht auf dem Schlachtfeld auf. Die unerträgliche Kälte zwang ihn ins nächste Dorf zu gehen, wo er Quartier bezog. Bei Tagesanbruch erschien er abermals auf dem Schlachtfeld, wo er bis zum nächsten Morgen verharrte. Eine Verfolgung der zurückweichenden Truppen Heinrich IV. wurde jedoch nicht eingeleitet. Der Verlust der goldenen Königslanze Rudolfs entwertete den Schlachterfolg des Gegenkönigs moralisch.

Heinrich, der wie oben berichtet seinen Tross verloren hatte, zog am nächsten Morgen ab. Er wandte sich nach Ostfranken zurückt und entließ sein Heer. Der Überlieferung nach soll Heinrich von einem „Lothowig" auf verborgenen Pfaden durch den Thüringer Wald geleitet worden sein. Es scheint sehr gewagt, hinter ihm den jungen Ludwig den Springer oder seinen Vater, Ludwig den Bärtigen, zu vermuten. Es wird ferner berichtet, dass das königliche Heer, das nach dem Rückzug vom Schlachtfeld in der Nähe der

Wartburg lagerte, von der Burgbesatzung überfallen und in die Flucht geschlagen wurde.
Wie Meyer von Knonau bemerkt, war Heinrich IV. „zum Weichen gebracht worden; er hatte eben wohl auch, da er durch die Lagerplünderung seiner Vorräte sich beraubt sah, Thüringen wieder verlassen. Aber besiegt war er nicht eigentlich[...] Dagegen durfte Rudolf sich jedenfalls nicht wirklich als Sieger ansehen. Denn wenn er tatsächlich einen durchschlagenden Erfolg davongetragen hätte, würde sich der Abfall angesehener sächsischer Herren[...] nicht fortgedauert haben."
Es muss hier angemerkt werden, dass nach der Schlacht bei Flarchheim der Papst erneut über Heinrich IV. den Bann verhängte und sich für Rudolf erklärte.

Flarchheimer Backhaus

Sehr zu empfehlen ist ein Besuch des Flarchheimer Backhauses. Es steht mitten im Dorf auf dem nach ihm benannten "Backsüber", an einer Ecke des alten Friedhofes. Die Geschichte des Backhauses reicht bis in das 16. Jahrhundert zurück.

Flarchheimer Backhaus

Zu ausgedehnten Wanderungen lädt der am 31. Dezember 1997 gegründete Nationalpark Hainich ein. Seit August 2005 können „wagemutige" Naturfreunde auf dem 310 Meter langen Baumkronenpfad die oberen Regionen des Waldes in Augenschein nehmen. Auf dem „Germanischen Kultpfad", rund um den Hünenteich, können acht

Backstube

vorchristliche Heiligtümer besichtigt werden. Das Wahrzeichen des Hainich ist die über 800-jährige Betteleiche. Ausgangspunkt für den vierstündigen Rundweg durch den Buchenwald zur Betteleiche ist der Parkplatz am Obergut in Kammerforst.

Turm steht im Osten

Ein Besuch der Nationalparkgemeinde Kammerforst, die in unmittelbarer Nähe zum Hainichwald liegt, ist sehr zu empfehlen. Der Überlieferung nach soll Konrad I., der von 911 bis 918 König des Ostfrankenreichs war, hier ein Gut besessen haben. Die Kirche St. Andreas in Kammerforst unterscheidet sich zu fast allen anderen Kirchen des Landes, denn der Kirchturm steht im Osten des Kirchenschiffs.

Kammerforst, Kirche St. Andreas

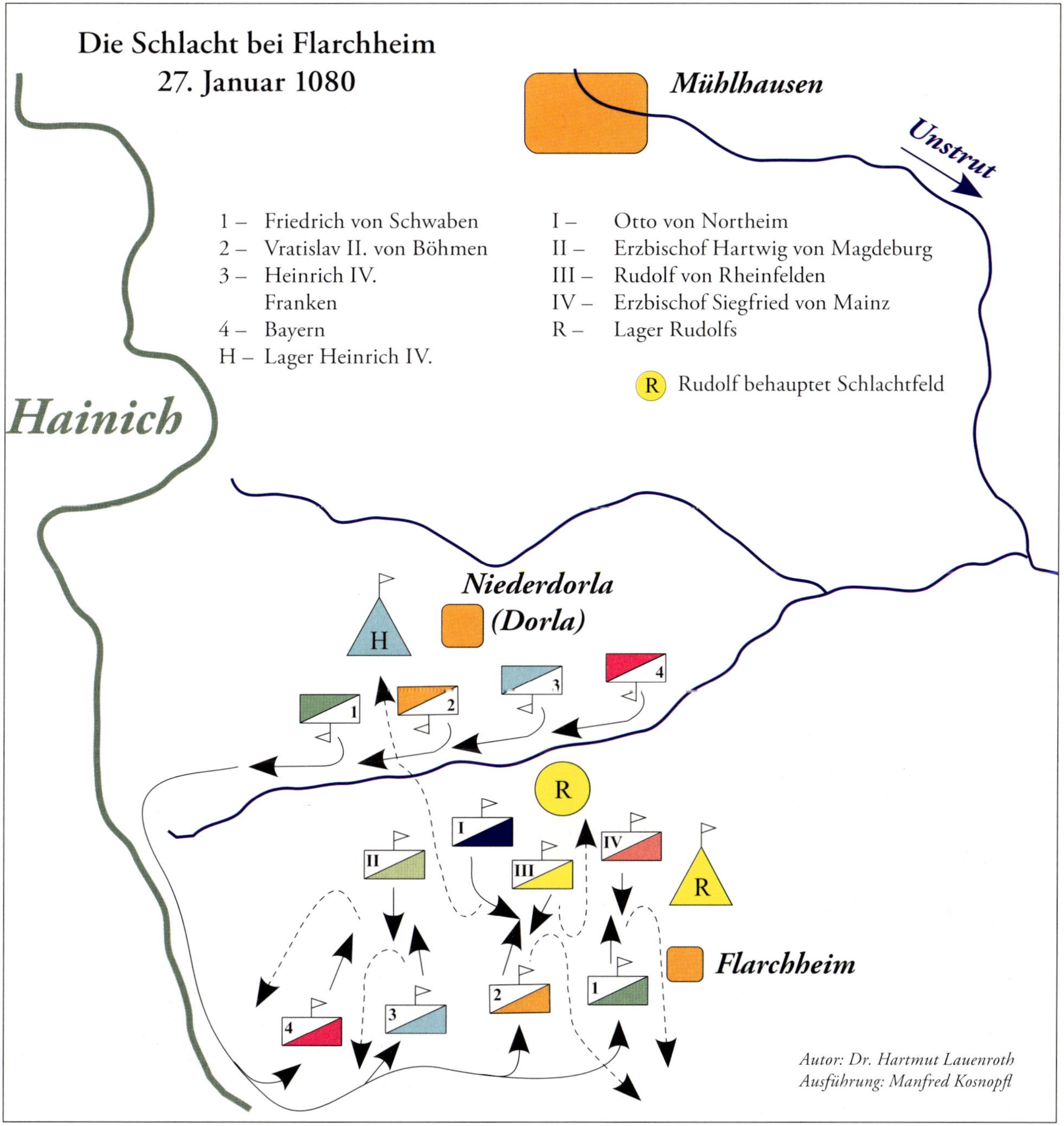
Die Schlacht bei Flarchheim
27. Januar 1080
Mühlhausen
Unstrut
1 – Friedrich von Schwaben
2 – Vratislav II. von Böhmen
3 – Heinrich IV.
Franken
4 – Bayern
H – Lager Heinrich IV.
I – Otto von Northeim
II – Erzbischof Hartwig von Magdeburg
III – Rudolf von Rheinfelden
IV – Erzbischof Siegfried von Mainz
R – Lager Rudolfs
R Rudolf behauptet Schlachtfeld
Hainich
Niederdorla
(Dorla)
H
1
2
3
4
R
I
II
III
IV
R
Flarchheim
4
3
2
1
Autor: Dr. Hartmut Lauenroth
Ausführung: Manfred Kosnopfl

DIE SCHLACHT AN DER ELSTER

Der Einmarsch Heinrich IV. in Sachsen

Nach der Schlacht bei Flarchheim trennte sich Papst Gregor zum zweiten Mal und definitiv von Heinrich und bannte ihn auf der Oster-Synode von 1080 von Neuem. Wie Delbrück hervorhob, „erreichte [...] die militärische Spannung ihre volle Intensität: alle Illusionen über friedliche Beilegung, die bis dahin noch ein Teil der Kräfte hüben und drüben gebunden hatten, waren jetzt geschwunden und beide Teile konnten keinen anderen Gedanken mehr haben, als unter Zusammenfassung aller erreichbaren Kräfte eine möglichst schnelle und gründliche Entscheidung herbeizuführen."

Heinrich IV. ging erneut daran ein Heer zum Kampf gegen die Sachsen aufzustellen. Die Rüstungen dauerten den ganzen Sommer an. Anfang Oktober marschierte Heinrich von Hessen über Thüringen Richtung Sachsen. Im königlichen Heer standen die Erzbischöfe Sigewin von Köln, Engelbert von Trier, Liemar von Hamburg-Bremen sowie die Bischöfe Rupert von Bamberg, Otto von Regensburg und Rüdiger von Speyer.

Das königliche Heer wählte die gleiche Straße wie vor der Schlacht bei Homburg an der Unstrut im Jahre 1075. Es passierte die Fulda und die Werra, durchquerte das nordwestliche Ende des Thüringer Waldes, überschritt den Pass nahe der Wartburg und marschierte auf die Unstrut zu. Zwischen Wartburg und Unstrut schlug Heinrich IV. sein Feldlager bei dem „Hofe Künkel" auf. Sein Ziel bestand darin, sich mit den Truppenkontingenten des Markgrafen Ekbert II. von Meißen und vor allem des Herzogs Vratislav von Böhmen zu vereinigen, in dessen Aufgebot Wiprecht von Groitzsch stand.

Täuschung der Sachsen

Um den zu dieser Zeit überlegenen sächsischen Verbänden auszuweichen, griff Heinrich zu einer List. Wie Bruno berichtet, „entsandte er die schnellsten seiner Reiter rückwärts auf Goslar zu, um einige Dörfer in Brand zu stecken und dann schleunigst zu ihm zurück zu kehren. Die Sachsen aber, welche durch ihre Späher seine Richtung auf Erfurt erfahren hatten und ihn leicht hätten einholen oder gar ihm zuvor kommen können, sahen kaum den Rauch hinter ihrem Rücken, als sie samt und sonders dorthin eilten, um ihn von Goslar und jenen Gegenden Sachsens fern zu halten." Heinrich marschierte in dieser Zeit weiter in Richtung Erfurt. Diesen wichtigen Platz innerhalb der thüringischen Besitzungen der Mainzer Kirche ließ er durch seine Truppen brandschatzen. Dann wandte sich Heinrich in Richtung Naumburg, um den auf der Seite Rudolfs stehenden Bischof zu bestrafen. Hier wollte er sich auch mit den Heeren des Böhmenherzogs Vratislav sowie des Markgrafen von Meißen vereinigen.

Zwischenzeitlich hatten die Sachsen das Täuschungsmanöver Heinrichs durchschaut und rückten in Eilmärschen von Goslar heran und „beschirmten die Stadt [Naumburg] mannhaft vor Verwüstung." Heinrich ließ von Naumburg ab und setzte „seinen Weg, alles mit Feuer und Schwert vertilgend, fort, und gelangte bis an die Elster, deren große Tiefe ihn wider seinen Willen nötigte, hier sein Lager aufzuschlagen." Rudolfs Streitmacht holte Heinrichs Heer hier ein und stellte es bei Hohenmölsen zur Schlacht.

Zu Heinrichs Heer stießen vermutlich die Bayern, von Süden her kommend, hier schon zu ihm. Die Böhmen und Meißner waren noch jenseits des Flusses.

Zur Aufstellung der Heere

Am Donnerstag, den 15. Oktober 1080, stellte Heinrich bei Tagesanbruch sein Heer zur Schlacht auf. Er muss von der Weißen Elster westwärts über die Ebene bis zu dem Grunau-Bach gezogen sein. Hans Delbrück bemerkte hierzu: „Grona hieß dieser Sumpf nach Bruno; wir dürfen annehmen, dass dieser Name erhalten ist in dem Namen des Dorfes Grana oder Grona gegenüber von Zeitz. Hier zieht sich in der Richtung von West nach Ost ein Tal zur Elster hin, das ehedem Sumpf gewesen sein wird. Die Straße, auf der Heinrich von der Saale her heranmarschiert war, lief an dem südlichen Rande dieses Tales entlang, überschritt dann nahe der Elster den Sumpf mit einer scharfen Wendung nach Norden und führt hier zur Zeitzer Brücke. Vermutlich war die Brücke damals schon ziemlich an derselben Stelle wie heute."

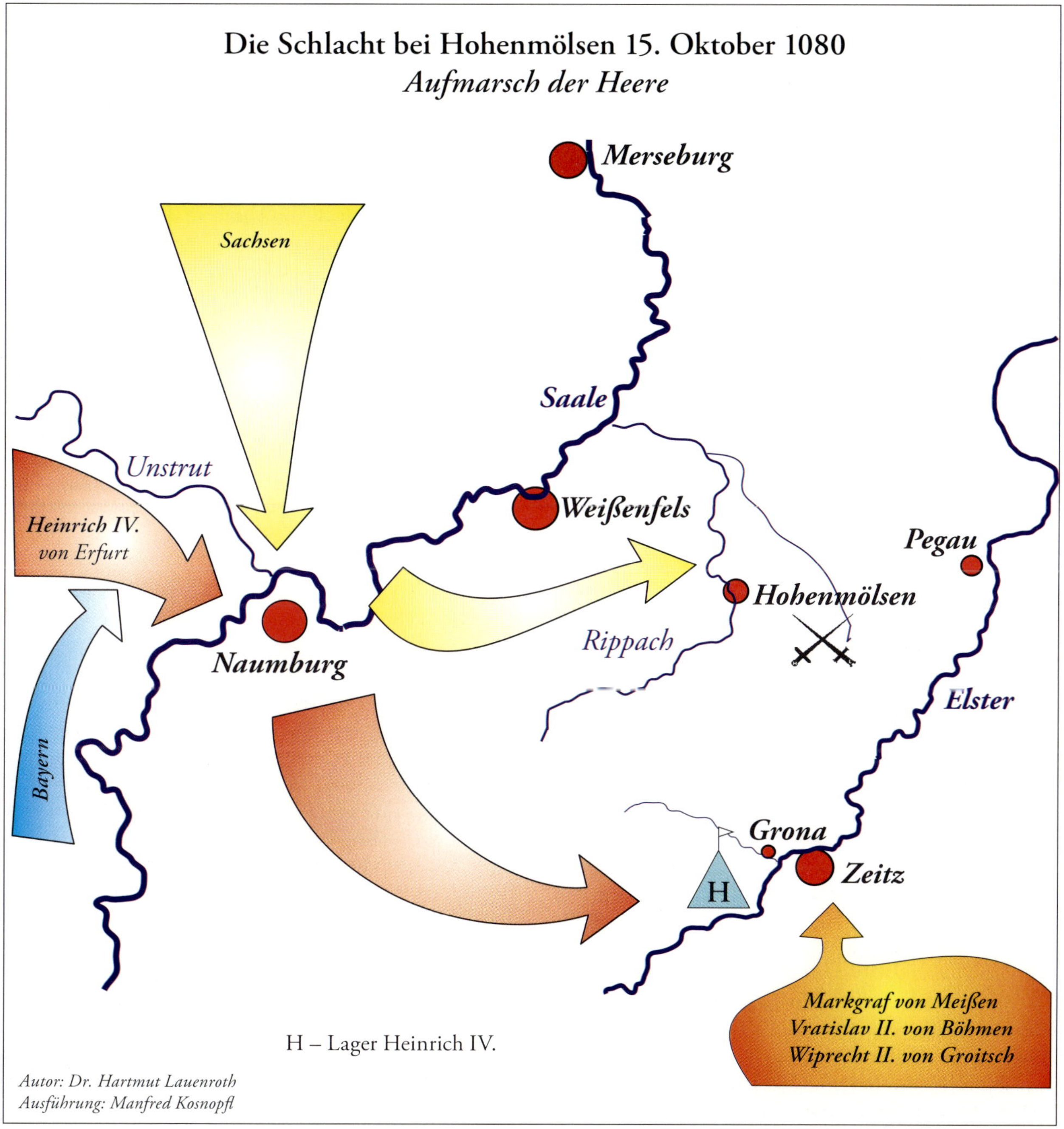
Die Schlacht bei Hohenmölsen 15. Oktober 1080
Aufmarsch der Heere
Merseburg
Sachsen
Saale
Unstrut
Heinrich IV. von Erfurt
Weißenfels
Pegau
Hohenmölsen
Naumburg
Rippach
Elster
Bayern
Grona
Zeitz
H
Markgraf von Meißen
Vratislav II. von Böhmen
Wiprecht II. von Groitsch
H – Lager Heinrich IV.
Autor: Dr. Hartmut Lauenroth
Ausführung: Manfred Kosnopfl

Hier nahm Heinrich hinter dem Sumpf der Grunau Aufstellung, der für Reiter nur an wenigen Stellen passierbar war. Wie Bruno bemerkte, soll Heinrich „aus absichtlicher Bosheit diesen Ort zur Walstatt ausgesucht“ haben, „wo seine Leute, denen er nicht recht traute, entweder tapfer kämpfen mussten, oder als Lohn für die schimpfliche Flucht auch noch der Gefahr des Ertrinkens sich auszusetzen hatten.“ Hans Delbrück resümierte, dass der König durch den Sumpf gedeckt und „augenblicklich unangreifbar“ war. Rudolf entschloss sich zum Angriff, ehe der Zuzug aus Meißen und Böhmen den König noch mehr verstärkte. Er begann ein hinhaltendes Reitergefecht an den wenigen Übergangsstellen.

Sachsen umgehen den Sumpf

Die Sachsen teilten ihr Heer. Die Ritter, deren Pferde noch einsatzfähig waren, umgingen den Sumpf in westlicher Richtung. Alle Ritter, die weniger kräftige Pferde hatten, stiegen ab, um unter der Führung von Otto von Northeim als Fußvolk zu kämpfen. Dieses Fußvolk hatte die Aufgabe, die Übergänge über den Grunau-Sumpf zu besetzen und diese zu sperren, während die Reiter die Umgehung machten.

Heinrich IV. flieht

Nachdem die Umgehung des Sumpfes erfolgreich vollzogen war, traf der sächsische Angriff auf eine gegnerische Abteilung, in der sich Heinrich befand. Dieser floh vom Schlachtfeld. Andere Teile des königlichen Heeres, insbesondere die Bayern hielten dem Angriff der Sachsen stand und gingen zum Gegenangriff über. Die Sachsen begannen hier zu weichen und im königlichen Lager verbreitete sich das Gerücht, die Sachsen seien geschlagen. Die dort anwesenden Bischöfe stimmten daraufhin das „Herr Gott, Dich loben wir!“ an.

Otto von Northeim greift ein

Plötzlich wandte sich das Glück im Schlachtgeschehen. Otto von Nordheim hatte das ritterliche Fußvolk über den Sumpf geführt und zunächst die Besatzung der Übergangsstelle in die Flucht geschlagen. Nun erschien er von Süden auf dem Schlachtfeld und fiel den königlichen Truppen in den Rücken. Der bayrische Graf Rapoto IV. von Cham fiel und die Bayern wandten sich nun ihrerseits zur Flucht durch das eigene Lager. Otto von Northeim verfolgte sie. Er hielt seine Leute von der Plünderung des königlichen Lagers ab und führte sie auf das Schlachtfeld zurück.

Hier stand Heinrich II. von Laach an der Spitze des lothringischen Aufgebotes und wähnte sich bereits als Sieger der Schlacht. Seine Männer hatten bereits das „Kyrieeleison“ angestimmt. Obwohl die Lothringer überlegen waren, griff sie Otto von Northeim an. Diese wurden durch den völlig unerwarteten Stoß ostwärts geworfen und mussten ihr Heil in der Flucht durch die Elster suchen.

Nun gab Otto den Befehl zur Plünderung des königlichen Lagers. Der Erzbischof von Köln, der sich im Lager befand, entging dem blutigen Gemetzel mit knapper Not, büßte aber sein ganzes Gepäck ein. Nun kehrten die Sieger mit reicher Beute beladen in ihr Feldlager zurück. Hier traf sie eine erschütternde Nachricht.

Tod Rudolfs von Rheinfelden

Rudolf von Rheinfelden wurde während der Schlacht tödlich verwundet. Der Überlieferung nach soll ihm der lothringische Ritter Gottfried von Bouillon, einer der späteren Führer des I. Kreuzzuges, die Spitze der heiligen Reichslanze in den Unterleib gestoßen haben. Ein anderer Ritter aus dem Heere Heinrichs IV., dessen Name trotz seiner wichtigen Tat nicht überliefert ist, schlug dem Gegenkönig die rechte Hand ab. Sterbend soll er zu den ihm umgebenden Getreuen gesagt haben: "Seht, das ist die Hand, mit der ich König Heinrich Treue geschworen habe! Nun lasse ich Reich und

Rudolf von Schwaben

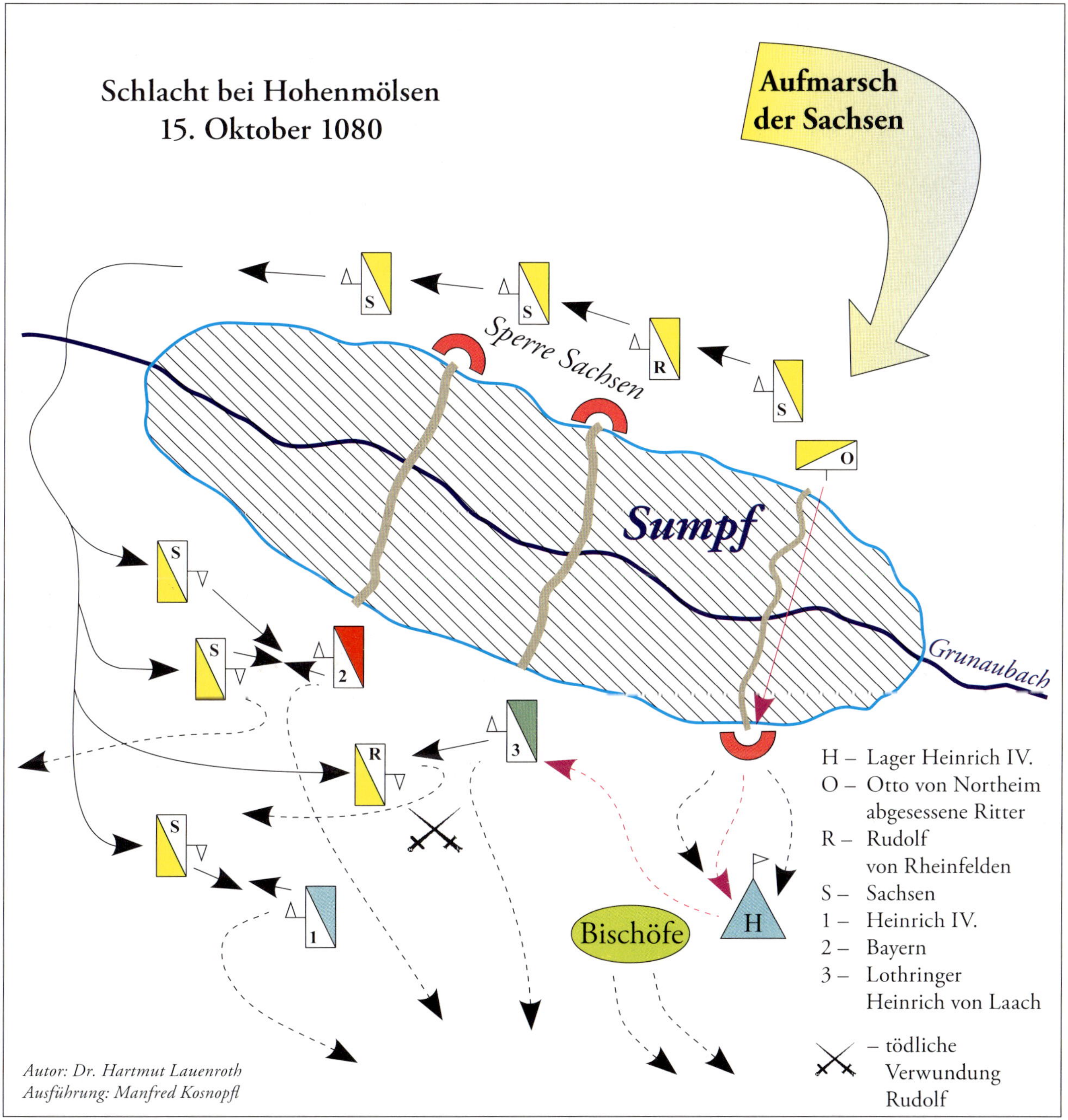

Schlacht bei Hohenmölsen
15. Oktober 1080
Aufmarsch der Sachsen
Sperre Sachsen
Sumpf
Grunaubach
S
R
O
2
3
1
H
Bischöfe
H – Lager Heinrich IV.
O – Otto von Northeim abgesessene Ritter
R – Rudolf von Rheinfelden
S – Sachsen
1 – Heinrich IV.
2 – Bayern
3 – Lothringer Heinrich von Laach
– tödliche Verwundung Rudolf
Autor: Dr. Hartmut Lauenroth
Ausführung: Manfred Kosnopfl

Leben. Ihr aber, die ihr mich beredet, den Thron meines Königs zu besteigen, fraget euch selbst, ob es der rechte Weg war, den ihr mir gezeigt habt."
Rudolf starb einen Tag später an diesen Verletzungen. Er wurde im Merseburger Dom aufgebahrt und dort auch begraben. Die abgeschlagene Hand wird im Dom aufbewahrt und befindet sich heute in der Ausstellung des Dom-Museums. Rudolfs Tod, insbesondere der Verlust der Schwurhand, wurde im Lager Heinrich IV. als Gottesurteil gewertet

Die Folgen

Heinrich IV. war vom Schlachtfeld Richtung Süden geflohen, wo er auf das Heer seines Verbündeten, des Herzogs Vratislav II. von Böhmen traf. Als Heinrich IV. vom Tod seines Widersachers erfuhr, sammelte er die Reste seines versprengten Heeres. Gemeinsam mit den frischen Truppen des Böhmen belagerte er die Burgen zu Teuchern, Hohenmölsen, Grunau und Pegau. Hier hatten sich Rudolfs Mannen verschanzt. Er eroberte sie und brannte sie nieder. Hierdurch konnte Heinrich den Krieg doch noch für sich entscheiden, obwohl er die Schlacht verloren hatte.

Nach dem Besuch des Schlachtfeldes bieten sich gleich drei Städte im Umfeld an, die durch ihre Geschichte und ihr kulturelles Erbe von Interesse sind.

Der Merseburger Dom

Wir empfehlen zuerst einen Besuch der Domstadt Merseburg, wo „Sachzeugen" der Schlacht vom 15. Oktober 1080 aufbewahrt werden. Hier befindet sich im Dom das Grab mit der Grabplatte Rudolfs von Rheinfelden. Seine „abgeschlagene Schwurhand" ist im Domschatz aufbewahrt und kann besichtigt werden.
Unter den Domschätzen befinden sich die „Merseburger Zaubersprüche". Diese althochdeutsche Handschrift stammt aus der Mitte des 10. Jahrhunderts.

Der Naumburger Dom

Auch die Domstadt Naumburg, die Heinrich IV. im Vorfeld der Schlacht vergeblich belagerte, lädt zu einem Besuch ein. Der Dom St. Peter und Paul ist ein Kunst- und Kulturdenkmal von internationalem Rang. Vor allem die großen Stifterstandbilder im Westchor, hier insbesondere das Paar Ekkehard und Uta, sowie die Darstellung der Passionsgeschichte am Westlettner beeindrucken durch ihre wirklichkeitsgetreue Darstellung. Sehr zu empfehlen ist auch eine Besichtigung des Domschatzgewölbes.
Nach dem Regionalhistoriker Wolfgang Hartmann stellen einige der Stifterstandbilder Teilnehmer der Schlacht am Welfesholz dar.

Der Naumburger Dom

Das Schloss Zeitz

Auch die Stadt Zeitz war indirekt in die Kampfhandlungen des Jahres 1080 einbezogen, wurde doch der Übergang des Heeres Heinrich IV. über die dortige Elsterbrücke verwehrt. Das kulturelle Zentrum der Stadt Zeitz ist das barocke Schlossensemble der Moritzburg. Der "Dom" wurde als Schlosskirche in das frühbarocke Ensemble einbezogen. Der rund zwölf Hektar große Schlosspark, der im Zuge der 1. Landesgartenschau Sachsen-Anhalt 2004 komplett saniert wurde, lädt zum Spaziergang ein.

Schloss Moritzburg an der Weißen Elster

Zeitz, Schloss Moritzburg

DER GEGENKÖNIG HERMANN VON SALM

Als Heinrich IV. in Italien weilte, traten Anfang August 1081 in Ochsenfurt im Bistum Würzburg die oppositionellen Fürsten zusammen, um einen neuen Gegenkönig zu wählen. Unter Führung des Herzogs Welf IV. von Bayern wurde am 6. August 1081 Hermann von Salm von den hier versammelten schwäbischen und sächsischen Fürsten zum Gegenkönig erhoben. Hermann entstammte dem Hause Lützelburg. Er war ein Neffe des 1065 verstorbenen Herzogs Friedrich von Niederlothringen, des 1072 verstorbenen Bischofs Adalbero III. von Metz wie auch des Pfalzgrafen Hermann II. von Lothringen. Nach Meyer von Knonau zählte Hermann von Salm zum „angesehensten und reichsten Adel des lothringischen Landes". Er war „ein Mann, hervorragend an kriegerischem Ruhm und an Besitz[...] ausgezeichnet an Weisheit, Bescheidenheit, Tapferkeit."

Sieg bei Höchstädt

Hermann von Salm begann kurz nach seiner Wahl einen Feldzug vom Main Richtung Donau. Ihm trat Herzog Friedrich von Schwaben mit einem Heer aus schwäbischen und bayrischen Abteilungen entgegen. Bei Höchstädt flussaufwärts von Donauwörth trafen beide Heere aufeinander. Hier kam es am 11. August 1081 zur Schlacht, in der Welf IV. auf den Staufer Friedrich traf. Das Ge-

Wasserburg Eisleben, historische Aufnahme

fecht verlief ausgeglichen, bis ein schwäbischer Ritter in Hermanns Heer ausrief: „Seht die Bayern auf der Flucht!“ Dies schienen die Bayern zu glauben und flohen vom Schlachtfeld. Hermann errang so glücklich den Sieg.

Nachwahl in Eisleben

In Eisleben kam es zu einer förmlichen Nachwahl Hermann von Salm durch die sächsischen Großen. Am 26. Dezember 1081 wurde Hermann von Salm von Erzbischof Siegfried von Mainz in Goslar, d. h. auf sächsischem Boden, gekrönt.

Residenz auf der Wasserburg

Er verbrachte wohl zwischen 1081 und 1084 als Gegenkönig Heinrich IV. einige Jahre auf der Eisleber Wasserburg. Diese Burg schützte die Stadt Eisleben, die in einer Urkunde vom 23. Dezember 994 als „Islevo“ bezeichnet wurde und am Rande des Faulen Sees lag. Der Überlieferung nach soll in der näheren Umgebung der Wasserburg viel Knoblauch angebaut worden sein. Den unangenehmen Geruch des Knoblauchs muss vermutlich die ganze Gegend angenommen haben, darunter auch seine Residenz auf der Wasserburg. Deshalb soll er von seinen kaiserlichen Gegnern den Beinamen „Knoblauchkönig“ erhalten haben.
Eine urkundliche Erwähnung der Burg ist aber erst im 14. Jahrhundert nachweisbar. Später wurde die Burg in ein repräsentatives Stadtschloss umgebaut und war Sitz der Grafen von Mansfeld-Vorderort Linie Eisleben. Beim großen Stadtbrand im Jahre 1601 wurde auch das Schloss in starke Mitleidenschaft gezogen. Es wurde nicht wieder aufgebaut. Im Jahre 1881 wurde die Ruine (außer dem Bergfried) abgetragen und an ihrem Platz ein Gymnasium errichtet, das heute eine Grundschule beherbergt.

Süddeutscher Schauplatz (1086)

Einen nochmaligen militärischen Erfolg errangen die aufständischen Fürsten im Jahre 1086. Die Vorgeschichte beginnt im Jahre 1085. Der Erzbischof Hartwig von Magdeburg war durch eine Synode von kaisertreuen Bischöfen gebannt worden. Hartwig floh nach Dänemark. Er kehrte ein Jahr später zurück. Hartwig stellte ein sächsisches Heer auf und zog nach Süddeutschland, um sich mit den Verbänden des Herzogs Welf IV. von Bayern zu vereinen.

Belagerung Würzburgs

Der Herzog Friedrich von Staufen war von Heinrich IV. mit der Verteidigung des Bistums Würzburg betraut worden. Nun, im Sommer 1086, belagerten der Herzog Welf IV. von Bayern, der Erzbischof Hartwig von Magdeburg, der Markgraf Eckbert von Meißen sowie andere sächsische und schwäbische Große bereits über 5 Wochen die Stadt. Der Gegenkönig Hermann von Salm war ebenfalls im Heer. Er wurde von den Chronisten jedoch kaum erwähnt.
Zum Entsatz rückte Heinrich IV. mit starken Kräften heran. Die aufständischen Fürsten gingen Heinrich IV. zwei Meilen in nördlicher Richtung entgegen. Hier auf dem Pleichfeld trafen die beiden Heere am 11. August 1086 aufeinander.

Ein deutscher Carroccio

Wie die Chronisten berichten wurde von den Abteilungen Herzog Welfs und des Erzbischofs Hartwig ein Wagen mitgeführt, auf dem ein sehr hohes Holzkreuz aufgestellt war, das eine rote Fahne schmückte. Dieses Gefährt kann mit einem Carroccio der italienischen Kommunen verglichen werden. Es wurde ausdrücklich hervorgehoben, dass sowohl die Truppen Welf IV. als auch Hartwigs ihre Pferde zurückließen und zu Fuß anrückten.

Sieg auf dem Pleichfeld

Das königliche Heer ergriff beim ersten Aufeinanderprallen der Reitereien die Flucht. Ein Teil der Chronisten führte dies auf Verrat zurück. Die Reiterei der Kölner und Utrechter Vasallen stand in vorderster Front des königlichen Heeres und soll „aus Vorsatz in die Flucht“ gegangen sein. Nun war das Fußvolk auf sich allein gestellt und dem Reiterangriff ausgesetzt. Es begann ein fürchterliches Gemetzel. Heinrich IV. wurde von den Verrätern selbst angegriffen und verwundet. Er konnte mit wenigen Begleitern fliehen, was die Auflösung des Heeres und eine allgemei-

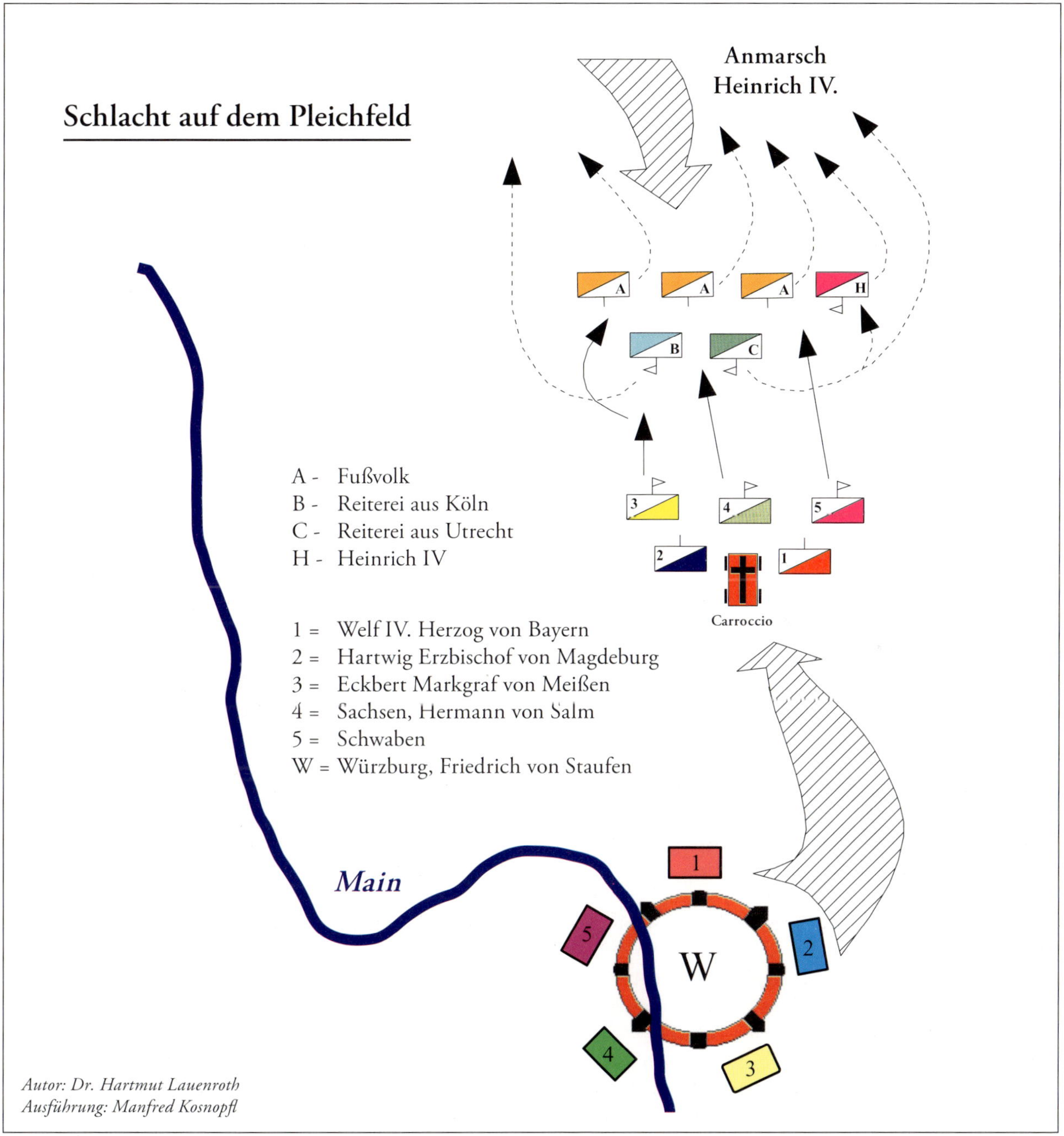
Schlacht auf dem Pleichfeld
Anmarsch
Heinrich IV.
A
A
A
H
B
C
3
4
5
2
1
Carroccio
A - Fußvolk
B - Reiterei aus Köln
C - Reiterei aus Utrecht
H - Heinrich IV
1 = Welf IV. Herzog von Bayern
2 = Hartwig Erzbischof von Magdeburg
3 = Eckbert Markgraf von Meißen
4 = Sachsen, Hermann von Salm
5 = Schwaben
W = Würzburg, Friedrich von Staufen
Main
1
2
3
4
5
W
Autor: Dr. Hartmut Lauenroth
Ausführung: Manfred Kosnopfl

ne Flucht bewirkte. Die Ritter der Fürsten verfolgten die fliehenden Kämpfer Heinrichs und machten große Beute. Nach der Schlacht verbrachten die Sieger die Nacht auf dem Kampfplatz.
Während die Verluste Heinrichs beträchtlich waren, soll es der Überlieferung nach auf der Seite der Fürsten nur 15 Tote gegeben haben.
Nach dieser Niederlage Heinrich IV. kapitulierten die Verteidiger Würzburgs und übergaben die Stadt an die Belagerer. Die Stadt fiel aber in demselben Jahr an Heinrich zurück. Die Schlacht hatte also keine Folgen für das Kräfteverhältnis der beiden feindlichen Lager.

Rückzug nach Lothringen

Die Anhänger des Hermann von Salm wurden in der nachfolgenden Zeit stark dezimiert. Zunächst „machte" der Markgraf Ekbert von Meißen, eine der Hauptstützen der sächsischen Partei, „seinen Frieden" mit Heinrich. Am 7. April 1088 verstarb der Bischof Burchard von Halberstadt, ein Hauptgegner Heinrichs. Dies hatte zur Folge, dass sich der Erzbischof Hartwig von Magdeburg mit dem Kaiser aussöhnte.
Hermann von Salm hatte jeden Rückhalt in Sachsen verloren. Er war seiner Rolle als Schattenkönig überdrüssig und zog sich 1088 in seine Erbländereien zurück. Durch einen Steinwurf beim Kampf um Cochem verlor er noch in dem selben Jahr sein Leben. Bei dieser Auseinandersetzung handelte es sich wahrscheinlich um die ernsthafte Verteidigung von Rechtsansprüchen, die Hermann von Salm gegenüber seinen eigenen Verwandten durchsetzen wollte. Hermann verstarb an den Verletzungen und wurde am 28. September 1088 in Metz begraben.

Erinnerung an den „Knoblauchkönigs"

Noch heute erinnert an der Nordostecke des Eisleber Rathauses eine kleine Plastik an den Knoblauchkönig. Sie ist in das Mauerwerk eingelassen und wirkt unscheinbar. Wer es nicht weiß, der läuft daran vorbei. Der Überlieferung nach, so behaupten viele Eisleber sei dies "Der Knoblauchkönig". Ob die kleine Plastik nun der Knoblauchkönig ist, bleibt im „Dunkeln". Erwiesen ist, dass sie frühestens nach der Reparatur des Rathauses nach dem Stadtbrand im Jahre 1601 eingebaut wurde.

Lutherstadt Eisleben

Eisleben wurde erstmals 1180 als „civitas" (Stadt) bezeichnet. Neben den bescheidenen historischen Sachzeugen aus der Zeit des Knoblauchkönigs bietet die Lutherstadt Eisleben eine Vielzahl von Sehenswürdigkeiten an, so den historischen Markt mit Rathaus. Der zweigeschossige Bau mit hohen Giebeln und Zwerchhäusern an den Längsseiten wurde im Stil der Spätgotik errichtet. Die doppelläufige Freitreppe an der Nordseite kann der Renaissance zugeordnet werden. Heute bietet das Rathaus mit seinem Standesamt einen würdigen Rahmen für Eheschließungen.

Eisleben, ältestes Siegel

Der Knoblauchkönig, Plastik am Rathaus der Lutherstadt Eisleben

Historisch besonders interessant ist das an der Südseite des Marktplatzes gelegene „Hotel Graf von Mansfeld". Hier hatte der Eisleber Kaufmann, Hüttenmeister und Stadtvogt Thilo Rink seinen Wohnsitz. Martin Luther war häufig zu Gast in diesem Hause bzw. seinem Vorgängerbau. Zu Luthers Lebzeiten gehörte das Gebäude Dr. Philipp Drachstedt, dem Schwiegersohn Thilo Rincks.

Auch bei seinem letzten Besuch in Eisleben Anfang des Jahres 1546 wohnte Luther hier. Er starb am 18. Februar 1546 in diesem Haus, wie jüngere Forschungen eindeutig belegen.

In den Jahren von 2005 bis 2007 entstand das Luther Geburtshausensemble. Ein Besucher- und Informationszentrum sowie ein Ausstellungsgebäude wurden neu errichtet. Das Geburtshaus, in dem am 10. November 1483 Martin Luther die Welt erblickte, erfuhr eine umfassende Restaurierung. Bereits 1693 richtete die Stadt hier eine Gedenkstätte für den Reformator ein. Die Mansfelder Berg- und Hüttenbetriebe stifteten die Lutherbüste im Garten. Dieses Kunstwerk schuf Gottfried Schadow 1817 anlässlich des 300. Jahrestages der Reformation. Die Lange Gasse wurde 1872 in Lutherstraße umbenannt. Am 9. März 2007 wurde die neue Dauerausstellung unter dem Thema „Von daher bin ich – Martin Luther und Eisleben" eröffnet. Ein zentrales Objekt der Ausstellung ist der „Taufraum" mit einem Taufstein aus dem Jahre 1518.

Lutherstadt Eisleben, Markt mit Rathaus

Martin Luthers Geburtshaus

Kloster Helfta

Im Ortsteil Helfta der Lutherstadt Eisleben finden wir das gleichnamige Kloster. Es wurde von Burchard I. von Mansfeld und seiner Gemahlin Elisabeth im Jahre 1229 in der Nähe ihres Schlosses Mansfeld als Zisterzienserinnenkloster Beatae Mariae virginis gegründet und diente als Hauskloster, Grablege und Memorialort.

Unter der Äbtissin Gertrud von Hackeborn (1251–1291) erlebte das Kloster Helfta seine Blütezeit und entwickelte sich zu einem Ort geistiger Spiritualität und gelehrter Bildung. Kloster Helfta wurde das Zentrum der deutschen Frauenmystik und als Krone der deutschen Frauenklöster bekannt. Drei bedeutende Mystikerinnen lebten hier: die als Heilige verehrte Mechthild von Hackeborn (1241–1299), die Heilige Gertrud (Die Große) von Helfta (1256–1302) und Mechthild von Magdeburg (1207–1282).

Am 13. August 1999, nach 457 Jahren, bezogen Zisterzienserinnen aus dem Kloster Seligenthal bei Landshut Kloster Helfta und bildeten eine neue Gemeinschaft unter der Äbtissin Maria Assumpta Schenkl (†). Ein päpstliches Schreiben vom 17. November 1999 bestätigte die erneute Gründung des Klosters. Die neue Klosterkirche zeichnet sich durch eine Symbiose aus alter Bausubstanz und moderner Kirchenarchitektur aus.

Kloster Helfta, Klosterkirche

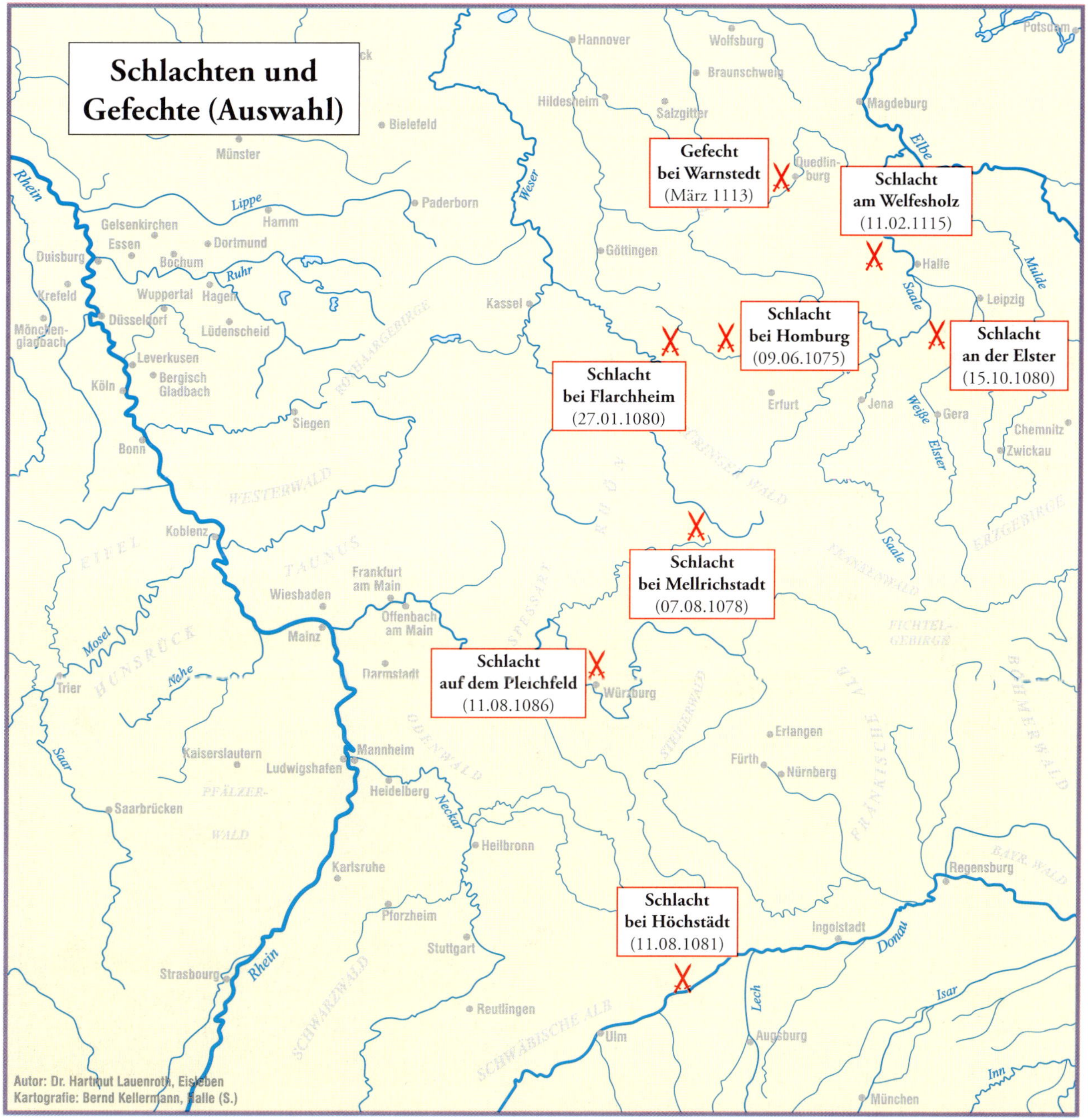

Schlachten und Gefechte (Auswahl)
Gefecht bei Warnstedt (März 1113)
Schlacht am Welfesholz (11.02.1115)
Schlacht bei Homburg (09.06.1075)
Schlacht an der Elster (15.10.1080)
Schlacht bei Flarchheim (27.01.1080)
Schlacht bei Mellrichstadt (07.08.1078)
Schlacht auf dem Pleichfeld (11.08.1086)
Schlacht bei Höchstädt (11.08.1081)
Hannover
Wolfsburg
Braunschweig
Hildesheim
Salzgitter
Magdeburg
Bielefeld
Münster
Quedlinburg
Paderborn
Hamm
Gelsenkirchen
Essen
Dortmund
Bochum
Duisburg
Krefeld
Wuppertal
Hagen
Göttingen
Halle
Leipzig
Kassel
Düsseldorf
Lüdenscheid
Mönchengladbach
Leverkusen
Bergisch Gladbach
Köln
Siegen
Erfurt
Jena
Gera
Chemnitz
Zwickau
Bonn
Koblenz
Frankfurt am Main
Wiesbaden
Offenbach am Main
Mainz
Darmstadt
Trier
Würzburg
Erlangen
Fürth
Nürnberg
Mannheim
Ludwigshafen
Kaiserslautern
Heidelberg
Saarbrücken
Heilbronn
Karlsruhe
Regensburg
Pforzheim
Ingolstadt
Stuttgart
Strasbourg
Reutlingen
Ulm
Augsburg
München
Rhein
Lippe
Ruhr
Weser
Elbe
Saale
Mulde
Weiße Elster
Mosel
Nahe
Saar
Neckar
Donau
Lech
Isar
Inn
Westerwald
Eifel
Taunus
Hunsrück
Spessart
Odenwald
Pfälzer-Wald
Schwarzwald
Schwäbische Alb
Steigerwald
Fichtelgebirge
Erzgebirge
Thüringer Wald
Frankenwald
Fränkische Alb
Böhmerwald
Bayr. Wald
Rothaargebirge
Autor: Dr. Hartmut Lauenroth, Eisleben
Kartografie: Bernd Kellermann, Halle (S.)

AUF DEM WEG ZUM WELFESHOLZ

Heinrich V., der Drittgeborene Sohn Heinrich IV. und der Berta von Turin, erblickte im Jahre 1081 das Licht der Welt. Von seinen Zeitgenossen wurde Heinrich V. als stolz, kalt und herrisch charakterisiert. Er scheute nicht davor zurück gegen seinen eigenen Vater zu rebellieren und von ihm die Machtentsagung zu erzwingen.

Übereinstimmend berichten die Chronisten des Reiches, dass sich die Beziehungen zwischen Kaiser Heinrich V. und den Reichsfürsten ab dem Jahre 1112 zunehmend verschlechterten. Dies war unter anderem darauf zurückzuführen, dass Heinrich V. sein Königsgut auf Kosten des Adels auszudehnen versuchte. Ihm nicht genehme Fürsten wurden gedemütigt und entmachtet. Er verfolgte hierbei die Taktik, die Stellung der größeren Herren durch die bisher weniger Mächtigen zu unterminieren.

Am Oberrhein versuchte er eine Königslandschaft aufzubauen. Er schreckte auch nicht davor zurück, von dem Adel das persönliche Grundeigentum, den Allodialbesitz, einzuziehen. Durch all diese Maßnahmen verletzte er das Standesgefühl des Adels, der sich gegen diese Demütigungen empörte. Die Wogen der allgemeinen Unzufriedenheit schlugen hoch. Aufruhr im Westen und Osten, am Niederrhein, in Sachsen und in Thüringen war die Folge. Wenden wir uns nun einzelnen Episoden der Auseinandersetzung zwischen Heinrich V. und dem Adel zu, die 1115 in ihrer letzten Konsequenz zur Schlacht am Welfesholz führten.

Heinrich IV. übergibt 1106 Heinrich V. die Herrschaftssymbole

DER KAMPF ZWISCHEN KRONE UND FÜRSTEN 1112

Streit um den Ministerialen Friedrich

Um das Jahr 1112 erhitzten sich die Gemüter in Sachsen um den Ministerialen Friedrich von Stade. Dieser stammte von einer schiffbrüchigen adligen Dame aus England ab. Er wurde von den Grafen von Stade erzogen und als Dienstmann eingesetzt. Da er sehr erfolgreich war, wurde ihm 1095 die Verwaltung der gesamten Grafschaft Stade übertragen. Als 1106 der Markgraf Udo verstarb, wurde sein Bruder Rudolf als Vormund des minderjährigen Erben Heinrich von Stade eingesetzt. In dieser Situation unternahm der Ministeriale Friedrich den Versuch, mit Unterstützung des Kaisers die Freiheit zu erlangen. Er bot dem Kaiser für diese Leistung vierzig Mark Gold an. Dies war natürlich zugleich ein Affront gegen den jungen Erben und seinen Vormund Rudolf von Stade.

Königsgericht in Rahmsdorf

Als Landesherr stellte sich Lothar von Süpplingenburg auf die Seite des Markgrafen Rudolf. Er veranlasste den Erzbischof Friedrich von Hamburg-Bremen, den Ministerialen als Hörigen in Anspruch zu nehmen, um ihn somit vor aller Öffentlichkeit zu demütigen. Friedrich rief daraufhin den König um Hilfe an. Nun sollte das Königsgericht in Rahmsdorf über die Standeszugehörigkeit Friedrichs entscheiden. Erzbischof Friedrich, Lothar von Sachsen sowie Markgraf Rudolf mit

Heinrich V. empfängt von Papst Paschalis II. die Reichsinsignien

seinem Neffen Heinrich auf der einen Seite und Friedrich mit seiner Gefolgschaft von Königstreuen auf der anderen Seite waren erschienen. Lothar und Rudolf befürchteten, dass der Richterspruch zugunsten Friedrichs ausfallen könnte. Daher ließen sie diesen noch während der Gerichtsversammlung festnehmen. Er wurde nach Salzwedel gebracht und hier in den Turm geworfen.

Heinrich V. bestraft Lothar und Rudolf

Diese klare Rechtsbeugung nutzte Heinrich V. aus, um gegen die beiden Reichsfürsten, die ihm zu mächtig geworden waren, vorzugehen. Ein Fürstengericht wurde nach Goslar einberufen. Unter den Fürsten waren die Erzbischöfe Adalbert von Mainz und Adelgot von Magdeburg, die Bischöfe Otto von Bamberg und Udalrich von Konstanz sowie die Grafen Hermann I. aus Sachsen, Gottfried von Calw und der Markgraf Herrmann II. Die Fürsten fällten Ende März des Jahres 1112 gegen die Friedensstörer das Urteil. Lothar von Süpplingenburg wurde die „herzogliche" und Rudolf von Stade die „markgräfliche Würde" entzogen, d. h. sie wurden ihrer Ämter enthoben. Otto von Ballenstedt erhielt das Herzogtum Sachsen zugesprochen. Er war der älteste Sohn des Grafen Adalbert II. von Ballenstedt und der Adelheid von Orlamünde, Tochter des Markgrafen Otto I. von Meißen. Otto von Ballenstedt war seit 1095 mit Eilika, der Tochter des Herzogs Magnus von Sachsen, verheiratet.

Schloss Ballenstedt

Heinrich V. beschritt ferner den Weg, miteinander verwandte Geschlechter auszuspielen. Als neuer Markgraf wurde Helferich von Plötzkau, Hecklingen und Walbeck eingesetzt. Das Pikante an der Einsetzung Helferichs war der Fakt, dass seine Schwester Irmgard die Witwe des Grafen Lothar Udo III. von Stade war. Er wurde somit sowohl seinem Schwager Rudolf als auch seinem Neffen Friedrich „vor die Nase" gesetzt.

Bewaffneter Widerstand gegen Heinrich V.

Gegen dieses Urteil leisteten Lothar und Rudolf bewaffneten Widerstand und verschanzten sich in Salzwedel. Daraufhin wurde Salzwedel von kaiserlichen Truppen eingeschlossen und belagert. Am 16. Juni 1112, eine Woche nach Pfingsten, war Heinrich V. selbst in Salzwedel und nahm an der Be-

Salzwedel

lagerung der Stadt teil. Da keine Seite ein militärisches Übergewicht erlangen konnte, verlegte man sich auf Verhandlungen. Es wurde Einigung erzielt. Lothar und Rudolf unterwarfen sich dem Richterspruch von Goslar. Zugleich erwirkten sie vom Kaiser ihre Begnadigung. Dieser setzte sie wieder in ihre „alten" Ämter ein.
Den Ministerialen Friedrich nahm Heinrich V. mit an den kaiserlichen Hof. Somit kehrte sich das Urteil von Goslar in sein Gegenteil um. Mit seinem scharfen Vorgehen gegen die beiden Fürsten, insbesondere ihrer zeitweiligen Absetzung, hatte Heinrich viele Sympathien unter dem sächsischen Adel verschenkt. Dieser beäugte nun misstrauisch jeden Schritt des Kaisers.

Streit um Weimar-Orlamünde

Erneut schlugen im Jahre 1112 in Sachsen und Thüringen die Wellen der Empörung hoch. Der Ort der Handlung hatte sich in südliche Richtung des Reiches, nach Thüringen, verlagert. Was war geschehen? Am 13. Mai 1112 verstarb der thüringische Graf Udalrich II. von Weimar-Orlamünde. Er war um die Jahrhundertwende aus Istrien, wo er zeitweilig Markgraf war, nach Weimar zurückgekehrt. Hier heiratete er im Jahre 1102 die 12-jährige Adelheid von Thüringen, eine Tochter Ludwig des Springers. Wie uns die Chronisten mitteilen muss Udalrich ein etwas schrulliger Kauz gewesen sein. Zumindest wusste er mit seiner jungen Frau nichts Richtiges „anzufangen". Als sich diese jedoch anderweitig vergnügte, war ihm dies allerdings auch nicht recht. Er schickte seine untreue Frau kurzerhand zu ihrem Vater zurück. So war der Umstand zu erklären, dass Udalrich kinderlos starb. Nichts Außergewöhnliches könnte man sagen, noch dazu wenn man bedenkt, dass der Graf immerhin ein in der damaligen Zeit beachtliches Alter von 48 Jahren erreicht hatte. Das Erbe, das er hinterließ, weckte jedoch vielerorts die Begierde hierauf. Mehrere Ansprüche wurden über die weibliche Erbfolge des Grafengeschlechtes angemeldet. Auch das war durchaus normal. Anormal war jedoch, dass Kaiser Heinrich V. diese Erbansprüche einfach ignorierte und das Erbe des Grafen von Orlamünde als erledigtes Reichslehen einzuziehen gedachte.

Orlamünde, Kemenate

Ansprüche Siegfrieds von Ballenstedt

Vor allem Graf Siegfried von Ballenstedt, Pfalzgraf bei Rhein, meldete berechtigte Erbansprüche an. Diese leitete er von seiner verstorbenen Mutter Adelheid von Weimar her, einer Tochter des Markgrafen Otto und Erbin von Orlamünde. Der Kaiser lehnte diese Forderungen ab und ließ sich durch ein Fürstengericht den Anspruch des Reiches auf die Allodien Udalrich II. bestätigen. Dies geht aus einer Urkunde des Kaisers hervor, die er für das Erzstift Mainz am 14. April 1114 ausstellen ließ. Diese Entscheidung rief natürlich die Empörung des ostsächsischen

Adels hervor, der sich massiv gegen die Eingriffe des Kaisers in das Erbrecht wehrte. Der Adel hatte Angst davor, dass die „Lösung von Orlamünde“ Schule machen und die Krone auch auf die anderen vom Reich zu Lehen gegebenen Grafschaften sowie auf die Vogteirechte Anspruch erheben könnte.

Fürstenopposition

Pfalzgraf Siegfried gelang es in der Auseinandersetzung mit Heinrich V., die Mehrzahl der ostsächsischen Fürsten hinter sich zu bringen. Dies waren Herzog Lothar von Sachsen und dessen Schwiegermutter Gertrud von Braunschweig, Rudolf von Stade, der Markgraf (Verwalter) der Nordmark, der Pfalzgraf Friedrich I. von Sachsen (Graf von Sommerschenburg), Ludwig der Springer von Thüringen, Wiprecht der Ältere von Groitzsch und der Bischof Reinhard von Halberstadt. Diese Opposition der Fürsten stellte eine ernste Gefahr für den Kaiser dar, da sich auch der Erzbischof Adalbert I. von Mainz hinter diese Fronde stellte.

Diesen gewichtigen Gegner konnte Heinrich V. Ende November/Anfang Dezember 1112 in Langsdorf gefangen nehmen und ausschalten. Diese Tat sorgte für großes Aufsehen im gesamten Reich. Erst im November 1115 wurde der Erzbischof aus seiner Kerkerhaft befreit.

Neuenburg bei Freyburg

Belagerung der Burg Teuchern

Dem Kaiser gelang im Jahre 1112 noch ein weiterer Schlag gegen die rebellierenden Fürsten. Hermann von Thüringen, der älteste Sohn von Ludwig der Springer, und sein Stiefbruder Graf Friedrich IV. von Putelendorf (Bottendorf an der Unstrut), hatten sich miteinander gegen den Kaiser verbündet. Sie wurden von Hoyer von Mansfeld auf Burg Teuchern bei Weißenfels eingeschlossen und belagert. Am 6. Juni 1112 mussten sie sich dem Mansfelder ergeben. Beide wurden auf Burg Hammerstein am Rhein eingekerkert. Nach mehr als zwei Jahren Gefangenschaft verstarb Hermann. Friedrich kam im Jahre 1114 durch die Zahlung von 500 Mark Silber Lösegeld wieder auf freien Fuß. Er wechselte nun in das Lager des Kaisers.

Belagerung der Neuenburg

Hermann Wäscher verweist darauf, dass in den Auseinandersetzungen zwischen der Krone und der Adelsopposition in den Jahren zwischen 1112 und 1117 die Neuenburg belagert und eingenommen wurde.

Hoftag zu Erfurt

Um die rebellierenden sächsischen Fürsten zur Ruhe zu bringen, lud sie Heinrich V. daraufhin zum Hoftag vor, der zum Weihnachtsfest 1112 in Erfurt abgehalten wurde. Hier sollten sich Herzog Lothar, der Markgraf Rudolf von Stade, der Pfalzgraf Friedrich, Ludwig der Springer, Wiprecht II. der Ältere und der Bischof Reinhard für ihren „Ungehorsam“ verantworten. Die Sachsen erschienen jedoch nicht.

Teuchern

Teuchern ist eine kleine Stadt im Burgenlandkreis in Sachsen-Anhalt. Die 1112 von Hoyer von Mansfeld belagerte und eroberte Burg wurde später zu einem Wasserschloss und im Jahre 1712 zum Rittergutsschloss umgebaut. Heute ist in dem Gebäude ein Ärztehaus untergebracht.
Am Markt befindet sich das Geburtshaus von Reinhard Keiser (* 1674), einem der größten deutschen Opernkomponisten. Das Haus wurde zu einer Gedenkstätte ausge-

Teuchern, Ärztehaus

staltet, in der neben Keiser auch die Komponisten Johann Christian Schieferdecker, Johann David Heinichen und Johann Friedrich Fasch gewürdigt werden.
Auch die im Stil der Spätrenaissance erbaute Kirche St. Georgs lädt zu einem Besuch ein. Die Herrschaftsempore, der achteckige Taufstein aus dem Jahre 1542 und die sechs Grabsteine der Familie Brünau sind kulturhistorisch von Interesse.

Weißenfels

Die Stadt Weißenfels liegt im Burgenlandkreis in Sachsen-Anhalt. Von den mannigfaltigen Sehenswürdigkeiten gehören das Schloss Neu-Augustusburg, der barocke Residenzsitz des albertineschen Herzogtums Sachsen-Weißenfels. Hier befindet sich heute ein Museum.

Weißenfels, Schloss Neu-Augustusburg

Das Geleithaus mit Museum und Gaststätte erinnert an den 1632 bei Lützen gefallenen Schwedenkönig Gustav II. Adolf. Hier wurde sein Leichnam seziert. In einem Zinnfigurendiorama ist die Schlacht nachgestellt worden. Das Museum im Heinrich-Schütz-Haus ist dem deutschen Komponisten des Frühbarocks gewidmet. Hier verbrachte Schütz seine Kindheit und seinen Lebensabend.
Das Novalis-Haus ist im Gebäude der Stadtbibliothek untergebracht. Der Schriftsteller Georg Friedrich Philipp Freiherr von Hardenberg ging unter dem Pseudonym „Novalis" in die deutsche Literaturgeschichte ein. Der Frühromantiker wurde auf Schloss Oberwiederstedt in der Nähe Hettstedts geboren. Er starb am 25. März 1801 im Alter von 29 Jahren in Weißenfels.
In der Marienkirche kann der Musikliebhaber eine Ladegast-Orgel bestaunen. Auch das Rathaus mit seiner barocken Fassade zieht die Blicke der Besucher auf sich.

Weißenfels, Heinrich-Schütz-Haus

DAS JAHR 1113 – HEINRICH DOMINIERT

Einfall in das Bistum Halberstadt

Als die vorgeladenen sächsischen Fürsten nicht zum Hoftag, der zum Weihnachtsfest 1112 in Erfurt abgehalten wurde, erschienen, beschloss der Kaiser mit Waffengewalt gegen sie vorzugehen. Augenscheinlich bereits nach dem Weihnachtstag gab er den Befehl, „ihre Güter zu plündern, ihre Besitzungen mit Feuer zu verwüsten [... und)] die Burgen zu zerstören", wie Meyer von Knonau feststellte. Anfang 1113 fiel er persönlich mit Truppen in Ostsachsen ein. Der militärische Hauptstoß des Kaisers

Halberstadt, Dom

richtete sich gegen den Bischof Reinhard von Halberstadt, den politischen Führer der Fürstenopposition. Heinrich wollte den Bischof Reinhard für seinen Abfall bestrafen. Der Hass, den der Bischof gegen den Kaiser hegte, rührte aus dem Jahr 1108. Damals hatte Heinrich V. den langen Streit um den Zehnten im Hassegau zugunsten der Reichsabtei Hersfeld entschieden und somit das Bistum Halberstadt stark verprellt, das den Kirchenbann über den o. g. Gau ausübte.
Während der Abwesenheit Reinhards wurde die Bischofstadt Halberstadt belagert und gewaltsam „aufgeschlossen". Der Kaiser ließ die Befestigungsanlagen um die Domburg niederreißen. Die Truppen des Kaisers wüteten

in der Diözese Halberstadt auf das Furchtbarste. Die Stadt und die umliegenden Dörfer wurden geplündert und zerstört. Brutal gingen die Mannen Heinrichs gegen die Bevölkerung vor.

Eroberung der Hornburg

Anschließend rückte das Heer Heinrichs gegen die nordwestlich von Halberstadt am unteren Lauf des Flusses Ilse liegende Feste Hornburg vor. Die Hornburg wurde erstmals 994 in einer Urkunde der Stadt Quedlinburg erwähnt. Sie wurde auf einem Kalksteinplateau am „Großen Bruch" errichtet und beherrschte die Handelsstraße von Hildesheim nach Halberstadt sowie die Handelswege von Braunschweig nach Halberstadt und Wernigerode. Auf der Burg wurde im Jahre 1005 Suitger von Hornburg geboren, der von 1046 bis 1047 als Papst unter den Namen Clemens II. das Pontifikat ausübte. Die Hornburg war die nördliche Grenzfeste des Bistums Halberstadt. Die Burg wurde erst nach langer Belagerung erobert und dann „gebrochen".

Hornburg, Bergfried

Heute ist die Stadt Hornburg ein staatlich anerkannter Erholungsort und durch seine Fachwerkbauten überregional bekannt.

Fürsten griffen nicht ein

Zwischenzeitlich hatte Bischof Reinhard seine Verbündeten mobilisiert. Der Pfalzgraf Siegfried, Wiprecht der Ältere von Groitzsch und Ludwig der Springer lagerten nicht unweit des Geschehens, hatten aber nicht den Mut gegen Heinrich V. militärisch vorzugehen.
Auch den thüringischen Besitz der Gräfin Gertrud von Braunschweig suchten die Truppen Heinrich V. heim und verwüsteten ihn.
Heinrich V. setzte nun einen Tag fest, an dem sich der Bischof Reinhard von Halberstadt stellen und für seine Taten verantworten sollte. Er glaubte, dass die „sächsischen" Angelegenheiten geregelt seien und begab sich zum Rhein zurück. Vor seiner Abreise erörterten Heinrich V. und Hoyer II. von Mansfeld im Palas der Hornburg die Lage und das weitere Vorgehen gegen die Verschwörer. Der Kaiser übertrug dem Mansfelder den Oberbefehl der hier zusammengezogenen Truppen und reiste in das Rheingebiet ab.

Das Gefecht bei Warnstedt

Es war im Monat Februar des Jahres 1113. Hoyer von Mansfeld befand sich auf der Hornburg. Ein Reiter brachte die Nachricht, dass ein Späher in Erfahrung gebracht hatte, dass sich Siegfried von Ballenstedt, Ludwig von Thüringen und Wiprecht II. der Ältere von Groitzsch mit nur geringem Gefolge für den nächsten Tag in Warnstedt verabredet hätten. Der Ort befindet sich in der Nähe der Teufelsmauer, südlich von Halberstadt und westlich von Quedlinburg. Hoyer wählte seine besten Leute aus und gab den Befehl zum Aufbruch. Eine Stunde später trabten dreihundert Reiter in Richtung Quedlinburg davon. Geschickt nutzte der Mansfelder seine Ortskenntnis aus. Er umging die tief verschneiten Harzwälder und schlug einen Bogen östlich um Quedlinburg. Seine Vorhut überrumpelte zwei aufgestellte Wachen der Sachsen, so dass Hoyer mit seinen Männern am nächsten Morgen, d. h. am 21. Februar 1113, unbemerkt bis zur Teufelsmauer gelangte.

Die Teufelsmauer bei Neinstedt

Zwischen den kaiserlichen Rittern und dem Dorf Warnstedt lagen nur noch verschneite Ackerflächen. Hoyer formierte seine Reihen und gab den Befehl zum Angriff. Der Reiterpulk setzte sich in Bewegung. Aus dem verhaltenen Trab wurden die Streitrosse von den Rittern immer stärker angetrieben, bis sie kurz vor dem Lager der Aufständischen, die heiße Luft aus ihren Nüstern in den Wintermorgen schnaubend, die Angriffsgeschwindigkeit

Blick nach Warnstedt

erreicht hatten. Die Wehrgehänge der Ritter, die mit ihren Augen Ausschau nach dem Feind hielten, klirrten in der Kälte.

Tod des Pfalzgrafen

Die Sachsen und Thüringer waren total überrascht und kamen nicht mehr dazu sich zu einer geordneten Gegen–attacke zu formieren. Sie wurden von Hoyers Truppen einfach überrannt. Siegfried von Ballenstedt, der Pfalzgraf bei Rhein, wurde aus dem Sattel geworfen. Ehe sich der Gestürzte aufrappeln konnte, traf ihn ein Schwerthieb zwischen Schulter und Hals. Tödlich verwundet brach er bewusstlos zusammen. Kurze Zeit darauf, am 9. März 1113 erlag der Ballenstedter seinen Verwundungen. Der Reiterkampf wogte nur kurze Zeit, dann lichteten sich die Reihen der Sachsen und Thüringer. Auch Wiprecht II. der Ältere von Groitzsch wurde schwer verwundet und gefangenen genommen. Wie durch ein Wunder glückte dem Landgraf Ludwig der Springer die Flucht. Jedoch kurze Zeit später musste er sich dem Kaiser ausliefern. Hoyers Triumph war „vollständig." Er hatte die aktivsten Gegner des Kaisers im Streit um das Orlamünder Erbe ausgeschaltet.
Durch seinen kühnen Streich legte Hoyer von Mansfeld das Schicksal Sachsens erneut in die Hand des Kaisers.

Sühnestein, Tod des Pfalzgrafen Siegfried

Die Seeburger erwerben die Beyernaumburg

Der Kaiser wollte auch Wiprecht den Älteren bestrafen und ging an die Belagerung der Burg Groitzsch. In den Pegauer Jahrbüchern finden wir eine merkwürdige Nachricht über das Jahr 1113. Der Chronist berichtet, dass Heinrich V. im Kampf gegen Wiprecht II. der Ältere von Groitzsch Unterstützung von dessen eigenem Sohn, Wiprecht III. der Jüngere, erhalten habe. Für seine Waffendienste sei ihm die Belehnung der Neuenburg (Beyernaumburg), die damals den Status einer Reichsburg hatte, durch den Kaiser in Aussicht gestellt worden. Heinrich V. wollte mit Unterstützung von Herzog Vladislav I. von Böhmen und dem jungen Groitzscher die Burg erobern. Als der Herzog von Böhmen mit seinem Heer vor Groitzsch eintraf, wagte er einen Blitzangriff auf die Burg und holte sich „blutige" Köpfe. Er soll über 500 Mann verloren haben, d. h. nach damaligen Maßstäben fast ein halbes Heer.

Burg Groitzsch, Wohnturm

Beyernaumburg, Bergfried

Der Kaiser musste erfolglos die Belagerung der Burg Groitzsch abbrechen. Über diesen Misserfolg war er so verärgert, dass er das Wiprecht III. gegebene Versprechen brach. Daraufhin kehrte Wiprecht der Jüngere über den Charakter und die Absichten des Kaisers gründlich belehrt, reumütig zu seinem Vater zurück. Wie der Chronist in Erfahrung bringen konnte, belehnte Heinrich V. einen „seiner Vertrauten" mit der Neuenburg (Beyernaumburg). Dieser „Vertrauter" war Graf Wichmann I. von Seeburg, ein Vertreter des lokalen Adels aus dem Hosgau, der sich somit nachweislich im königstreuen Lager befand. Als Günstling Heinrich V. musste er im Kampf der Krone gegen seine sächsischen Landsleute Flagge zeigen, obwohl die sächsische Adelsopposition von Wichmanns Verwandtem, Lothar von Süpplingenburg, angeführt wurde.

Der unerbittliche Kaiser

Hart ging der Kaiser mit den Empörern zu Gericht. So ließ er von einem Fürstengericht in Würzburg Wiprecht II. der Ältere von Groitzsch zum Tode verurteilen. Dessen Söhne Wiprecht der Jüngere und Heinrich von Groitzsch erwirkten die Begnadigung beim Kaiser, mussten dafür allerdings ihre Stammburg Groitzsch mit den dazu gehörigen Gütern als Gegenleistung abtreten.

Wiprecht II. der Ältere wurde daraufhin drei Jahre lang im kaiserlichen „Staatsgefängnis" auf der pfälzischen Burg Trifels in harter Haft gehalten.

Seine Söhne Wiprecht der Jüngere und Heinrich schlossen sich nun den aufständischen Sachsen an. Als Heinrich V. hiervon Kunde erhielt, erklärte er die beiden und alle, die sie unterstützten sollten, zu Hochverrätern. Ludwig der Springer musste dem Kaiser die Wartburg abtreten, die damals noch nicht die prachtvolle Residenz späterer Jah-

Quedlinburg, Rathaus

re war, sondern eine wehrhafte Burg, die den Zugang zur Thüringer Pforte schützte.
Auch der Widerstand im Westen des Reiches wurde vom Kaiser gebrochen. Heinrich V. war auf dem Höhepunkt seiner Macht angelangt. Dies wollte er aller Welt durch ein symbolisches Zeichen verkünden. Hierzu hatte Heinrich seine Vermählung mit der englischen Königstochter Mathilde auserkoren.

Quedlinburg

Quedlinburg liegt nur wenige Autominuten von Warnstedt entfernt. Die Stadt gehört zum Landkreis Harz des Bundeslandes Sachsen-Anhalt. Seit 1994 steht die Stadt auf der UNESCO-Liste des Weltkulturerbes. Die Burg Quedlinburg wurde wohl im Jahre 900 als „Quidilingaburch" urkundlich genannt. In der historischen Altstadt stehen über 1200 Fachwerkhäuser aus sechs Jahrhunderten. Am Markt steht das Renaissance-Rathaus mit der Roland-Statue. Die romanische St.-Wiperti-Kirche ist über Tausend Jahre alt. Ein weiteres Zeugnis der ottonischen Kaiser und Könige ist die Stiftskirche St. Servatius mit ihrem berühmten Domschatz.

Schloss Ballenstedt

Unweit von Warnstedt befindet sich die kleine Stadt Ballenstedt. Sie liegt am nördlichen Rande des Ostharzes und gehört zum Landkreis Harz in Sachsen-Anhalt. Der Ort wurde erstmals in einer Urkunde des Grafen Esico von Ballenstedt im Jahre 1030 genannt. Dieser war der Stammvater des Geschlechts der Askanier. Seine Schwester Uta ist eine der Stifterfiguren im Naumburger Dom. Auf dem heutigen Schlossberg wurde Mitte des 11. Jahrhunderts ein Kollegiatstift errichtet, das ein Jahrhundert später in ein Benediktinerkloster umgewandelt wurde. Albrecht der Bär wurde 1170 in der Klosterkirche begraben.

Schloss Seeburg

Ein weiteres steinernes Zeugnis aus der damaligen Zeit finden wir am östlichen Ende des Landkreises Mansfeld-Südharz im Bundesland Sachsen-Anhalt. Es ist Schloss

Schloss Ballenstedt / Uta von Ballenstedt

Seeburg, der Stammsitz eines der handelnden Akteure jener vergangenen Tage – Wichmann von Seeburg.
Die erste gesicherte Erwähnung fand die Seeburg im Hersfelder Zehntverzeichnis (880/899). Hier wurde sie als „Seoburc" bezeichnet. Die Grafen von Seeburg, ein Zweig der Edelherren von Querfurt, begannen um das Jahr 1030 mit dem Bau der Burg. Unter Gero (* 1099; † 1122) wurden die „meisten" steinernen Gebäude der Burg errichtet. Sein Sohn, der Erzbischof Wichmann von Magdeburg (* 1116; † 1192), führte den Ausbau der Burg fort. Von 1180 bis 1250 war die Seeburg ein Sitz der Magdeburger Erzbischöfe.
Heute können wir eine mit Fördermitteln sanierte Schlosskirche besichtigen, in der vielfältige kulturelle Veranstal-

Schloss Seeburg

tungen angeboten werden. Seeburg ist ein anerkannter Erholungsort mit vielfältigen Erholungsmöglichkeiten.

Seeperle und Tschu-Tschu-Bahn am Süßen See

Fischerhof am Kernersee

Mathilde von England

DAS JAHR 1114

Heinrich V. rief für den „Tag der Erscheinung“, d. h. den 6. Januar 1114 einen Reichstag nach Mainz ein. Er hatte bewusst die Bischofsstadt gewählt, dessen geistlicher Fürst in seiner Gewalt war, um seine Macht zu demonstrieren. An dem darauf folgenden Tag feierte Heinrich V. seine Vermählung mit der elfjährigen Mathilde, Tochter König Heinrich I. von England. Anlässlich der Hochzeitsfeierlichkeiten waren fast alle Reichsfürsten präsent. Fünf Erzbischöfe, dreißig Bischöfe, zahlreiche Äbte und Pröpste, fünf Herzöge, viele Grafen und edle Herren mit ihrem Gefolge gaben dem Fest einen würdigen Rahmen. Die Pracht der Hochzeitsfeier blieb den Zeitgenossen lange in Erinnerung. Besonders die Anwesenheit der fünf Herzöge, d. h. Friedrich II. von Schwaben, Welf II. von Bayern, Heinrich III. von Kärnten, Vladislav von Böhmen, der das Ehrenamt des Schenken besorgte, und Lothar von Sachsen stärkten das politische Ansehen Heinrichs.

Lothar muss zu Kreuze kriechen

Nicht alle Herren waren aus eigenem Antrieb gekommen. Lothar von Süpplingenburg erschien barfüßig, in einen Sack gehüllt und warf sich dem Kaiser zu Füßen. Dieser verzieh ihm und nahm ihn in den Kreis der Anwesenden auf. Lothar erhielt sein Herzogsamt zurück, doch der Stachel der Demütigung saß tief.

Keine Gnade für andere Fürsten

Auch andere Reichsfürsten hofften, dass auch Ihnen Gnade gewährt werden würde. Gegenüber Erzbischof Adalbert von Mainz zeigte Heinrich V. unnachgiebige Härte. Der Erzbischof wurde nicht begnadigt und blieb weiter in Gefangenschaft. Auch der Graf Ludwig der Springer von Thüringen war nach Mainz gekommen, um sich mit dem König auszusöhnen. Zum Entsetzen aller anwesenden Fürsten fand er kein Gehöhr beim Kaiser und wurde während der Hochzeitsfeier in Haft genommen. Hiermit wollte Heinrich V. vor allen Fürsten demonstrieren, dass er Abtrünnige unbarmherzig bestrafen werde. Diese Festnahme hinterließ den schlimmsten Eindruck unter den versammelten adligen Herren. Schrecken, Misstrauen und Hass machte sich unter den Edlen breit.

Der Aufstand am Niederrhein

Der Konflikt zwischen den Reichsfürsten und dem Kaiser schwelte weiter. Es bedurfte nur eines Anstoßes, um ihn erneut ausbrechen zu lassen. Mitte Juni 1114 hatte Heinrich V. ein Heer aufgeboten, das gegen die aufständischen Friesen zu Felde ziehen sollte. Lothar befand sich mit seinen sächsischen Truppen im kaiserlichen Heer. Auch der junge Graf Heinrich von Stade war mit 300 Reitern dem Gebot des Kaisers gefolgt. Die Kölner Truppen, die die Vorhut bildeten, gerieten in einen Hinterhalt der Friesen. Nur durch das beherzte Eingreifen Herzog Lothars wurden sie vor der Vernichtung bewahrt. Als diese Nachricht nach Köln kam, wurde dem Kaiser die Schuld hierfür gegeben.

In dieser Situation rebellierte der Erzbischof Friedrich von Köln, der sich der Unterstützung der Kölner Bevölkerung sicher war, gegen den Kaiser. Ihm schlossen sich große Teile des niederrheinischen Hochadels an. Kurios ist der Fakt, dass sich unter den Aufständischen sowohl der neu ernannte Herzog von Niederlothringen, Gottfried von Löwen, als auch der Graf Heinrich I. von Limburg, dem der Kaiser zuvor das Herzogtum Niederlothringen entzogen hatte, befanden. Im Lager der Aufständischen waren ferner die Grafen Dietrich von Ahr und Heinrich von Zütphen. Aus Westfalen waren aus dem Hause der Grafen von Werl-Arnsberg die gräflichen Brüder Friedrich, Graf von Arnsberg, sowie Heinrich, Graf von Rietberg, mit ihren Aufgeboten im Lager des Erzbischofs von Köln. Auch der Graf Hermann von Kalvelage und eine Vielzahl anderer Adliger waren unter den Aufständischen.

Als den Kaiser diese Nachrichten im Feldlager erreichten, blies er den Kriegszug gegen die Friesen ab. Heinrich V.

ließ das Heer kehrt machen und marschierte den Empörern entgegen. Gemeinsam mit Herzog Lothar belagerte der Kaiser die rheinisch-westfälische Heeresmacht bei Deutz. Doch sie konnten die gegnerischen Kräfte nicht überwinden. Später wurden die kaiserlichen Truppen im Rheintal zwischen Bonn und Andernach von den Verbänden des Grafen Friedrich von Arnsberg und seines Bruders Heinrich von Rietberg gestoppt. Heinrich V. wurde zum Rückzug gezwungen.

Fürstenbündnis von Creuzburg

Es entstand im Reich eine Situation, die dadurch gekennzeichnet war, dass der Kaiser mit seiner Politik der „Stärke“ gegenüber den Fürsten zu scheitern drohte, da ihm „die Luft“ ausging. Den Fürsten bot sich zugleich die Möglichkeit durch koordinierte Aktionen ihre Abhängigkeit von der Krone zu lockern und die eigenen Machtkompetenzen zu erweitern. Nach dem 26. August 1114 gelang es Lothar von Sachsen in Creuzburg an der Werra eine ostsächsische, westfälische und niederlothringische Kampfgemeinschaft der o. g. Fürsten ins Leben zu rufen, die zumindest zeitweilig gemeinsam gegen den Kaiser agierte.

Königslutter, Kaiserdom
Bildnis von Lothar III.

Die Creuzburg

Die Creuzburg war neben der Wartburg und der Neuenburg oberhalb von Freyburg eine wichtige Burganlage der thüringischen Landgrafen (Ludowinger). Der Überlieferung nach soll Bonifatius im Jahre 724 auf dem heutigen Burgberg ein Kreuz und eine Kapelle zu Ehren des hl. Peter gestiftet haben. Um das Jahr 745 wurde auf dem Berg ein Benediktinerkloster gegründet. Später entstand hier eine befestigte Anlage. Die Peterskapelle wurde in die Burg integriert. Der Name Creuzburg wurde vermutlich von dem Kreuz, das Bonifatius errichten ließ, abgeleitet. In einer Urkunde Otto II. wurde der Name „Creuzburg“ am 22. Oktober 973 erstmals erwähnt.

Creuzburg, Tor

Köln fällt nicht

Im Herbst 1114 tauchte Heinrich V. mit einem neuen, stärkeren Heer im Westen auf. Wohlweislich fehlte diesmal Lothar von Süpplingenburg. Der Angriff des kaiserlichen Heeres auf Köln schlug fehl. An den Mauern der Stadt brach sich Heinrichs Glück. Auch die nachfolgenden Kämpfe gegen den niederrheinisch-westfälischen Adel verliefen für die kaiserliche Seite ungünstig. Der niederrheinische Raum ging dem Salier so weitestgehend verloren.

Der Osten macht mobil

Nun schlug auch der thüringische Adel gegen Heinrich V. zurück und wehrte sich gegen die Besetzung der Burg

Walbeck, Adelheidseiche

Schloss Walbeck

Orlamünde durch kaiserliche Truppen. Ein thüringisches Aufgebot schloss die Burg ein und belagerte sie.
Als diese Nachrichten aus den verschiedenen Teilen des Reiches Lothar von Süpplingenburg erreichten, stellte er sich offen an die Spitze des rebellierenden Adels. Er zog im Herbst 1114 mehrere ostsächsische Fürsten mit ihren Rittern und Knechten im Raum Walbeck zusammen. Die Fürsten entschlossen sich eine befestigte Basis zu schaffen. Als Standort wurde das Kloster der Benediktinerinnen in Walbeck auserkoren. Von hier aus wollten sie vor allem gegen die Ländereien und Dörfer des Mansfelders operieren. Dieser Standort bot einige Vorteile. Zum einen lag das Kloster inmitten des Herrschaftsgebietes der Edlen von Arnstedt, die später den Namen „Arnstein" annahmen. Zum anderen waren die Arnstedter die Schutzvögte des Klosters.

Burg Freckleben – sichert Aufmarschgebiet

Die Burg Freckleben wurde in die Sicherung des Aufmarschgebiets des sächsischen Heeres einbezogen. Sie befand sich bis ca. 1130 im Besitz der Grafen von Stade, den erbitterten Feinden der Krone. Die Burg sicherte die alte Heerstraße, die von Sangerhausen über Mansfeld, Hettstedt und Aschersleben nach Goslar führt. Sie wurde auf einer Bergnase am linken Ufer der Wipper 3 Kilome-

Burg Freckleben, Grundriss
(nach H. Wäscher)

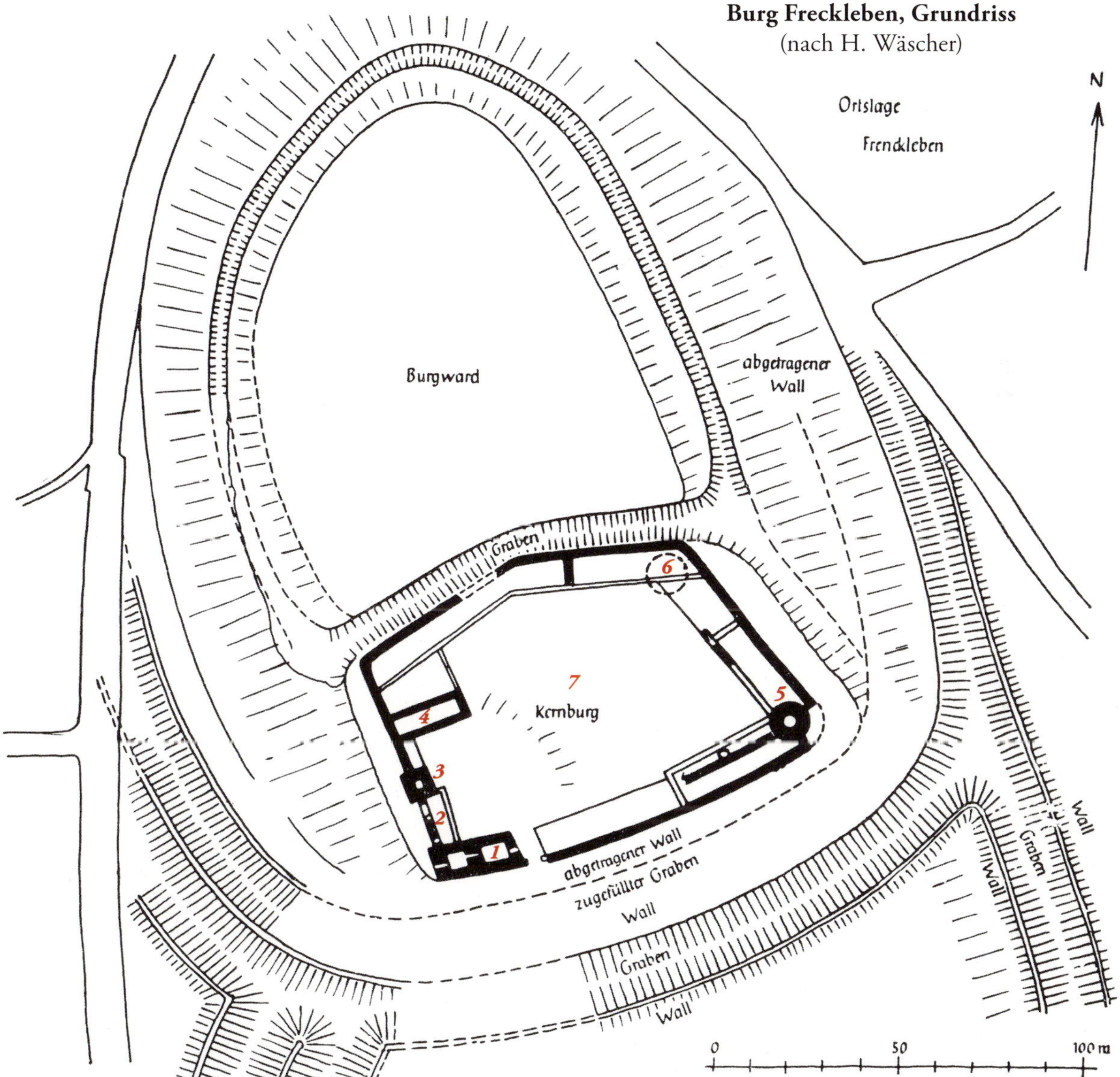

1 *Kapelle*
2 *Wohnbau*
3 *Bergfried*
4 *Palas*
5 *Rundturm*
6 *Rundturm (Fundamente)*
7 *Kernburg / Innenhof*

Freckleben, Bergfried

ter nördlich von Sandersleben vermutlich im 10. Jahrhundert erbaut. Die mittelalterliche Burg hatte eine Größe von ca. 80 x 100 Metern. Die Burg war durch doppelte Wälle und Gräben gesichert. Der Stumpf des runden Bergfrieds an der südöstlichen Front der Burganlage hat einen Durchmesser von 10,20 Metern. Seine Mauern haben eine Mächtigkeit von drei Metern. Der Eingang zu dem Rundturm ist in 6 Metern Höhe auf der Hofseite. Nach der Grabenseite finden wir die Reste eines Aborterkers. Der Bergfried auf der Westseite fällt durch seinen eigenartigen Baustil ins Auge. Sein „Unterteil" hat die Ausmaße von 6,9 x 7,9 Metern und ist rechteckig. Etwa in halber Höhe geht der Turm in einen achteckigen Grundriss über. Die Stärke der Turmmauer beträgt ca. 2,2 Meter. Der Eingang zum Turm befindet sich in einer Höhe von 8,4 Metern auf der Hofseite. Der Turm hat fünf Geschosse. Diese Maßnahmen der Sachsen stellten einen offenen Affront gegen den Kaiser dar.

Erzbischof Adelgot verärgert den Kaiser

Auch Adelgot Erzbischof von Magdeburg wurde in den Strudel der Ereignisse hineingerissen und fiel beim Kai-

Der Dom zu Magdeburg

ser in Ungnade. Er hatte es gewagt, einem der erklärten Erzfeinde des Kaisers, Wiprecht III. der Jüngere von Groitzsch, Unterschlupf zu gewähren. Wie war es hierzu gekommen? Wie oben ausgeführt wurde, waren Wiprecht der Jüngere und sein Bruder Heinrich zu Hochverrätern abgestempelt worden. Als Geächtete hatten sie sich mit einigen Waffengefährten in die Wälder von Gundorff im Gau Scudizu (Schkeuditz) zurückgezogen. Unter ihnen waren Suithger I. von Hakeborn und dessen Sohn Bruno I. sowie 5 Groitzscher Ministerialen. Von hier aus unternahmen sie Beutezüge gegen Anhänger des Kaisers, um ihren Unterhalt zu sichern.
Als der Winter nahte wurde ihr Waldversteck durch den einsetzenden Laubfall unsicher. Neuschnee konnte ihre Spuren verraten. Wiprecht wandte sich daher mit der Bitte um Hilfe an seinen Cousin Adelgot, die ihm dieser auch gewährte. Im November 1114 fand er mit seiner Ehefrau Kunigunde in der Stadt Loburg jenseits der Elbe, die sich auf dem Gebiet des Erzstiftes Magdeburg befand, einen sicheren Unterschlupf. Sie wurden dem Schutz eines gewissen Pribron anvertraut. Auch seinen o. g. Waffengefährten gewährte der Erzbischof hier Schutz. Mit seiner Parteinahme für den Groitzscher zog sich der Erzbischof den Zorn des Kaisers zu.

Hoftag in Goslar

All diese Aktionen des sächsischen Hochadels forderten den Kaiser zu Gegenmaßnahmen heraus. Bevor er jedoch mit Waffengewalt gegen die Aufständischen vorging, lud Heinrich V. den Erzbischof Adelgot von Magdeburg und die übrigen Häupter der Verschwörung nach Goslar ein, wo zu Weihnachten 1114 ein Hoftag abgehalten wurde. Hier wollte er über die Aufständischen Gericht halten. Doch diese, im befestigten Walbeck sitzend, kamen dieser Aufforderung nicht nach. Vorsorglich hatte Wiprecht III. der Jüngere einen seiner Getreuen heimlich in die Stadt einschmuggeln lassen, um mögliche Maßnahmen des Kaisers gegen ihn rechtzeitig zu erkunden. Nur der Erzbischof Adelgot reiste der Ladung gemäß nach Goslar. Ihm wurde von Freunden hintertragen, dass der Kaiser ihn gefangen nehmen wollte. Er floh daher in der Nacht

Goslar, Kaiserhaus

aus Goslar. Als am anderen Morgen seine Flucht entdeckt wurde, tobte der Kaiser. Über Adelgot wie über alle anderen Verschwörer, die nicht in Goslar erschienen waren, wurde die Reichsacht verhängt. Erzbischof Adelgot wurde für abgesetzt erklärt. Lothar von Süpplingenburg wurde das Herzogtum Sachsen ab- und Hoyer von Mansfeld zugesprochen. Die sächsische Nordmark wurde Rudolf von Stade entzogen und seinem Neffen Heinrich von Stade übertragen. Es wurde festgesetzt, dass sich das Reichsheer 40 Tage nach diesem Spruch am 10. Februar 1115 in der Königspfalz Wallhausen versammeln sollte.

Die Stadt Creuzburg

Ein Ort des damaligen Geschehens war die Stadt Creuzburg. Sie zählt zu den ältesten Städten Thüringens und liegt an der Werra unterhalb der gleichnamigen Burg. Unterhalb der Burg führt die alte Handels- und Heerstraße „Lange Hessen" vorbei. Ursprünglich hieß der Ort „Milingen". Der Landgraf Hermann I. verlieh Creuzburg im Jahre 1213 das Stadtrecht. Der Überlieferung nach lebte die hl. Elisabeth von 1223 bis 1228 auf der Creuzburg und

Stadt Creuzburg

gebar hier ihre Kinder Hermann und Gertrud. Zu Ehren der Geburt Hermann II. im Jahre 1225 wurde die steinerne Werrabrücke errichtet, die die älteste Steinbrücke Deutschlands nördlich des Mains ist.

Das Klage- und Rügegericht zu Volkmannrode

Auf einer kleinen Bergkuppe, zwei Kilometer von Stangerode entfernt, befand sich einst das Dorf Volkmannrode. Es lag im Winkel zwischen Eine, Leine und Wiebeck. Nur noch Mauerreste der Kirche zeugen von dem einstigen Dorf. In der Nähe der „Wüsten Kirche", wie sie im Volksmund genannt wird, stehen eine über 300 Jahre alte Linde und ein altes Häuschen mit Vorbau. Dies ist die Gerichtslaube, eine der ältesten Gerichtsstätten Europas. An dieser historischen Stätte wurde von alters her zu Walpurgis (1. Mai) und zu Michaelis (29. September) Recht gesprochen. Eine erste urkundliche Nachricht über das Klage-

Klage- und Rügegericht Volkmannrode

und Rügegericht erfahren wir im Harzgeröder Saalbuch aus dem Jahre 1608. Heute steht die Wüstung Volkmannrode unter Natur- und Denkmalsschutz und erinnert an die Geschichte der Rechtssprechung unserer Väter.

Stangerode

Der kleine idyllische Ort, der ins Einetal eingebettet ist, liegt auf dem nordöstlichen Sporn des Häckelberges. In östlicher Richtung begrenzen der 269 Meter hohe Hahnberg und ein Ausläufer der Eulenkuppe den Ort. In Stangerode liegt der Zusammenfluss der kleinen Flüsse Eine und Leine. Hier finden wir auch das Reit- und Sporthotel Nordmann und den über 300 Hektar großen Wildpark Nordmann.

Reit- und Sporthotel Nordmann

Bisons im Wildpark, R. Uhlig

Hettstedt, Schlossturm

Standort der Moseburg (?)

Ein vermutlicher, bis heute nicht nachgewiesener Standort der Moseburg, die von Heinrich IV. errichtet worden ist, könnte in Stangerode sein. Hier gibt es heute noch ein gleichnamiges Flurstück.

Hettstedt

Die Stadt Hettstedt wurde am 2. Juli 1046 erstmals als Besitz der Grafen von Arnstein erwähnt. Der um das Jahr 1200 einsetzende Kupferbergbau veranlasste die Grafen von Arnstein, diese wichtige Erwerbsquelle durch eine Burg schützen zu lassen. Von der ursprünglichen Burg steht heute nur noch der Rest eines starken Rundturmes. Durch den Tod des letzten Mansfelder Grafen im Jahre

1780 kam die Stadt Hettstedt an Sachsen. Das Umland und der Bergbau fielen an Preußen.

Die Burg Arnstein

Wenige Kilometer vom Aufmarschgebiet des sächsischen Heeres entfernt befindet sich die Burg Arnstein, die allerdings erst nach der Schlacht am Welfesholz errichtet wurde. Dennoch sollte die interessante Anlage unbedingt aufgesucht werden. Die Herren von Arnstein waren seit 1100 die Schutzvögte des Klosters Walbeck. Sie gehörten der sächsischen Adelsopposition an. Die Freiherrschaft Arnstein geht auf das Geschlecht der Herren von Steußlingen zurück. Es war schwäbischer Abstammung, schrieb Eike von Repgow im Prolog seines Sachsenspiegels. Eine erste schriftliche Erwähnung des Geschlechtes finden wir in einer Tauschurkunde aus dem Jahre 1107. Ein Walterus de Arnstein (Walther II.) trat in einer Urkunde vom 6. Januar 1135 als Zeuge auf.

Als sichere Existenz der Burg kann das Jahr 1159 angesehen werden. Zu Ende des 13. Jahrhunderts (um 1292) trat Walther IX. von Arnstein dem Deutschen Orden bei. Im Vorfeld dieses Schrittes übergab er Burg und Herrschaft seinem Schwager Otto von Falkenstein. Nach dem Aussterben der Falkensteiner (1334) fiel die Herrschaft an die Grafen von Regenstein. Die Grafen von Mansfeld kauften am St. Margarethentag (13. Juli) des Jahres 1387 die Frei-

Burg Arnstein

herrschaft Arnstein von den Grafen von Regenstein. Im Jahre 1661 erwarb Friedrich Ulrich von Knigge die Herrschaft, die bis 1945 im Familienbesitz blieb. Seit 1992 nimmt sich der Heimatverein der Sicherung der „Burg als Baudenkmal" an. Die Burgruine Arnstein ist heute ein attraktives und ein beliebtes Ausflugsziel.

Humboldt-Schlösschen Burgörner

Wilhelm von Humboldt (* 1767; † 1835) weilte als Freund des Hauses des Öfteren auf dem Schloss und heiratete 1781 die Tochter des Hauses, Caroline von Dacheröden. Sie ließen ganz in der Nähe des Schlosses einen Park im englischen Stil anlegen, den Humboldthain. Heute beherbergt das Humboldtschlösschen das Mansfeld-Museum, ein Technik-Museum mit Ausstellungen zur Geschichte des Mansfelder Bergbaus und Hüttenwesens.

Das Highlight des Museums ist eine funktionstüchtige Kopie der ersten deutschen Dampfmaschine Wattscher-Bauart.

Maschinendenkmal

Humboldt-Schlösschen

DIE SCHLACHT AM WELFESHOLZ 1115

Um die Jahreswende 1114/1115 zogen sich dunkle Wolken über Sachsen zusammen. Sowohl der Kaiser als auch die Fürstenopposition rüsteten ihre Kräfte für eine Entscheidungsschlacht. Noch bevor das Reichsheer versammelt war, formierte Heinrich V. ein kleines schlagkräftiges Heer aus einer größeren Gruppe seines Gefolges und seinen besten Verbänden. Er marschierte gegen Braunschweig, das Herz Sachsens. Er wollte ein Zeichen setzen und Lothar von Sachsen wegen seiner Rechtsverletzungen bestrafen, ihn zur Raison bringen. Er konnte jedoch die Sachsen nicht aus Walbeck weglocken.

Kampf gegen die Wenden

In dieser Situation überschritten die heidnischen Wenden in einer Stärke von rund 2800 Mann, die hierzu von Heinrich V. ermuntert worden waren, die mittlere Elbe

Braunschweig, historische Ansicht

und drangen tief in sächsisches Gebiet ein. Sie bedrohten somit objektiv das sächsische Aufmarschgebiet um Walbeck aus nordöstlicher Richtung. Etwa zur gleichen Zeit befand sich Graf Otto der Reiche von Ballenstedt, der sich zwischenzeitlich der Verschwörung gegen Heinrich V. angeschlossen hatte, mit seinen ritterlichen Mannen auf dem Wege nach Walbeck. Als er die Nachricht vom Einfall der Wenden erhielt, änderte er sein Marschziel und zog mit sechzig Edelherren sowie deren Gefolge den Wenden entgegen. Dies wird sicherlich in Absprache mit Lothar von Süpplingenburg erfolgt sein.
Als sich die Slawen bei Köthen zerstreut hatten, um zu plündern, kam es am 9. Februar 1115 zum Kampf. Otto von Ballenstedt besiegte die zahlenmäßig weit überlegenen Wenden. Diese wichen unter hohen Verlusten zurück, wurden jedoch von den Sachsen über die Elbe hinaus verfolgt. Wie die Quellen berichten, wurden ca. 1700 Slawen getötet. Otto konnte sich auf dem rechten Elbufer festsetzen. Hier errang er mit Coswig, Rosslau und Buro die ersten Besitzungen im slawischen Gau Cierwisti für sein Haus Anhalt. Dieser Besitz wurde von seinem Sohn Albrecht I. der Bär in den nachfolgenden Jahren wesentlich ausgedehnt.

DER AUFMARSCH DER HEERE

Das Aufgebot der Sachsen

Doch zurück nach Walbeck. Hier hatten sich um Lothar nachfolgende Reichsfürsten mit ihren Aufgeboten versammelt. Die Kirchenfürsten Erzbischof Adelgot von Magdeburg und Bischof Reinhard von Halberstadt waren mit ihren Vasallen im Lager erschienen. Wichtige Stützen Lothars waren der Pfalzgraf Friedrich I. von Sachsen und der Markgraf Rudolf von der Nordmark. Auch die Grafen Wiprecht III. der Jüngere und sein Bruder Heinrich von Groitzsch waren auf der Seite der Aufständischen. Der Graf Otto von Ballenstedt, der ebenfalls zur Opposition der Fürsten gehörte, war jedoch, wie oben berichtet, den Wenden entgegen gezogen.
An der Spitze des Aufgebotes der Thüringer standen der Graf Syzzo von Schwarzburg, der Graf Wilhelm von Camburg und Ludwig, ein Sohn Ludwigs des Springers.

Lothar von Sachsen

Zu diesen, in Ostsachsen bodenständigen Reichsfürsten, stieß ein Teil des Adels vom Niederrhein, aus Westfalen und aus Niederlothringen hinzu. So die gräflichen Brüder Friedrich I. der Streitbare von Arnsberg und Heinrich I. von Rietburg. Sie entstammten dem Hause der Grafen von Werl-Arnsberg, einem der mächtigsten Grafengeschlechter Westfalens. Auch Hermann II. von Kalvelage, Graf von Ravensberg, war mit seinen Kriegern erschienen. Er stammte ebenfalls aus Westfalen.
Die Truppenkontingente des Erzbischofs Friedrich von Köln vertraten die rheinische Seite. Aus Nieder-Lothringen kam der Graf Heinrich I. von Limburg mit seinem Aufgebot den Sachsen zur Hilfe. Mit großer Sicherheit werden auch adlige Geschlechter der Region mit ihrem Gefolge im Aufgebot der Fürstenopposition gewesen sein. So die Edlen Adalbert, Adalbero und Walther von Arnstedt, deren Stammburg nur eine knappe Stunde vom befestigten Walbeck entfernt lag. Sie galten als treue Verbündete Lothars. Auch Suithger I. von Hakeborn, zumindest jedoch sein Sohn Bruno I., war mit seinen ritterlichen Mannen und Knechten im Lager der Sachsen. Sie waren, wie oben gezeigt, Waffengefährten von Wiprecht III. der Jüngere. Ihr Stammsitz lag südwestlich von Egeln im Nordthüringengau. Der Graf Dietmar von Selbold-Gelnhausen, ein Sohn des Grafen Diemar von Detwang-Trifels-Niedernberg nahm auf der Seite der Fürstenopposition an der Schlacht am Welfesholz teil. Auch Graf Dietrich von Brehna könnte an der Schlacht teilgenommen haben.

Abzug des Heeres nach Welfesholz

Anfang Februar zog das niederrheinisch-westfälisch-sächsische Heer in Richtung Welfesholz ab. Vielleicht hatte man vor, sich mit dem aufständischen thüringischen Adel um die Truppen des Landgrafen von Thüringen zu vereinigen, die das vom Kaiser besetzte Orlamünde belagerten.

Feldlager in Wallhausen

Kaiser Heinrich V. hatte seine Hauptkräfte in der Pfalz Wallhausen zusammengezogen. Die Burg war ein alter sächsischer Königshof und Gerichtsort. Sie lag an der alten Heerstraße, die südlich des Harzes von Sangerhausen nach Nordhausen führte. Im Jahre 1028 wurde Wallhausen als Burgwart „Walehusum" bezeichnet. Die Schutzburg der Pfalz wird auf dem Terrain des heutigen Schlosses vermutet. Das Aufgebot des Kaisers errichtete sein Feldlager auf der „Heergölde". Dieser Name ist noch heute als Flurnamen bekannt. Er wird sicherlich aus dem Wort „Heergilde" abgeleitet worden sein. Nach anderer Meinung ist der Name aus den Begriffen „Hero" (Sumpf) und „Gölle" (Pfütze) entstanden.

Schloss Wallhausen

Zur Sicherung seines Aufmarschgebietes legte Heinrich IV. in mehrere Burgen zusätzlich kaiserliche Besatzungen zur Verstärkung der dortigen Mannschaften. So in die Burgen von Eisleben und Mansfeld, die sich beide im Besitz des Grafen von Mansfelder befanden. Auch die Burg Bornstedt und der „alte" Falkenstein wurden verstärkt.

Die Wasserburg Eisleben

Der Ort Eisleben wurde durch eine Wasserburg geschützt, die am Rande des Faulen Sees lag. Wie oben berichtet, residierte hier der Gegenkönig Hermann Graf von Salm-Luxemburg. Der Ort und die Wasserburg gehörten Hoyer II. von Mansfeld.

Wasserburg Eisleben

Um die südliche Flanke des Aufmarschgebietes des kaiserlichen Heeres zu sichern, wurde die Besatzung der Burg verstärkt. Die mittelalterliche Burg hatte vermutlich eine Grundfläche von ca. 29 x 23 Metern. Der mächtige Bergfried hatte einen Durchmesser von etwa 7,7 Metern. Er blieb noch lange als Wahrzeichen der Burg erhalten. Trotz breiter Proteste wurde er im Jahre 1969 abgerissen.
Heute kündet nur noch der Name „Schlossplatz" von der einstigen Existenz der Burg Eisleben.
Ein Modell des Schlosses ließ der Mansfelder Geschichts- und Heimatverein auf dem Gelände der Schlossschule im Jahre 2009 errichten.

Schloss Mansfeld

Die Burg Mansfeld wurde um das Jahr 1075 auf einer beherrschenden Anhöhe erbaut. Sie war der Stammsitz des gleichnamigen Grafengeschlechts. König Heinrich IV. setzte die Grafen von Mansfeld um das Jahr 1069 als Grafen des nördlichen Hosgaues ein. Eine erste urkundliche Erwähnung der Burg ist für das Jahr 1229 nachweisbar. Grabungen in jüngster Zeit haben die Existenz der Burg Mansfeld am Ende des 11. Jahrhunderts bestätigt. Die

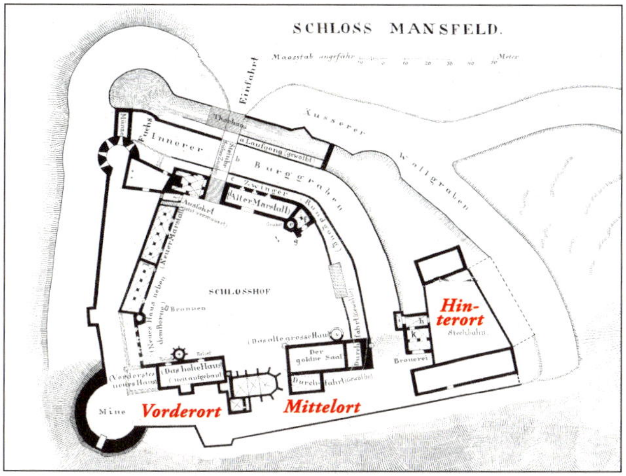

Schloss Mansfeld, Grundriss

Burg sicherte das westliche Aufmarschgebiet des Kaisers. Später bauten die Grafen von Mansfeld die Burg in ein Schloss mit festungsähnlichem Charakter um. Anfang des 15. Jahrhunderts ließen die Grafen innerhalb des Schlosses Mansfeld eine Kirche erbauen, die sie dem hl. Georg weihten. Sie gehört zu den bedeutendsten gotischen Schlosskirchen in Deutschland. Im Jahre 1501 teilten sich die drei erbberechtigten Grafen in die Linien Vorder-, Mittel- und Hinterort. Nach dem Brand im Jahre 1509 ließen die Grafen von Mansfeld drei neue Wohnschlösser im Stil der mitteldeutschen Frührenaissance errichten. Ihre Residenzen sind auf dem Lageplan eingezeichnet. Auch ein neues Festungswerk wurde rund um die Schlösser angelegt, das zu den stärksten Deutschlands zählte.

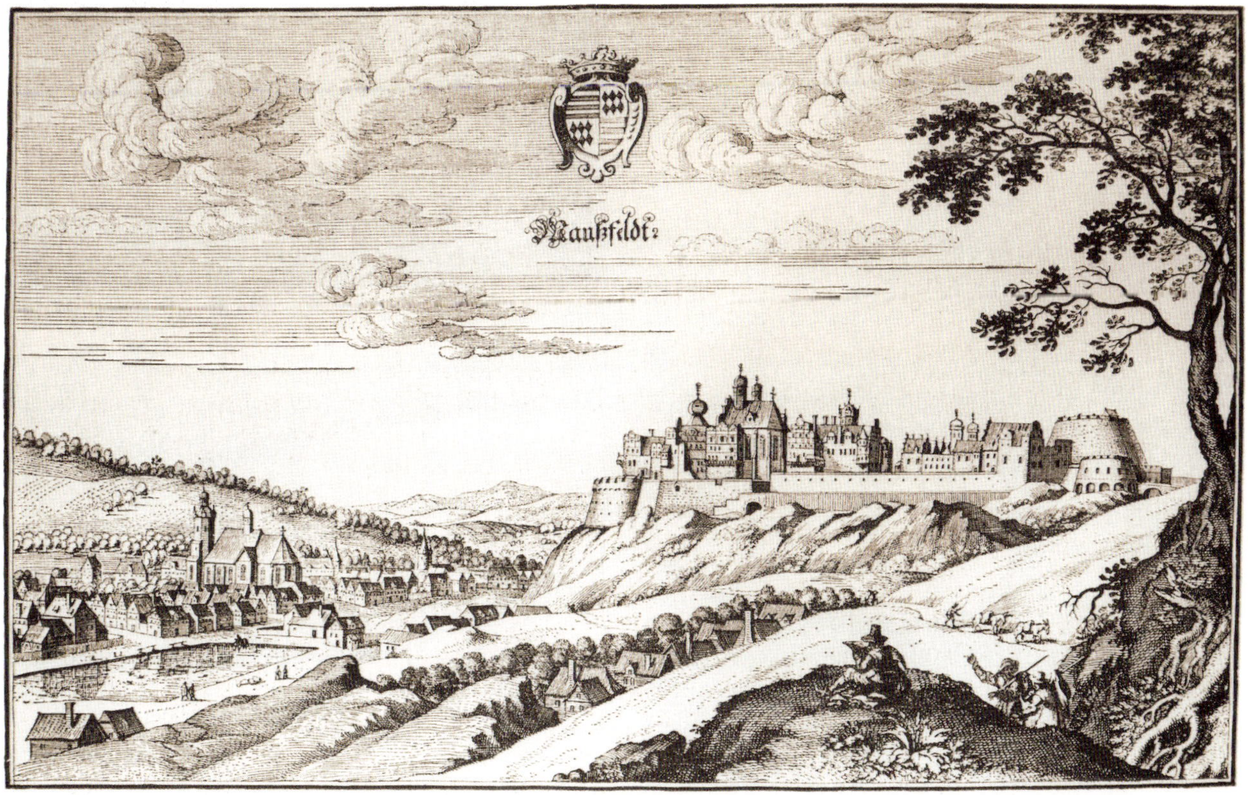

Schloss Mansfeld

Burg Bornstedt

Im Hersfelder Zehntverzeichnis (880/899) wurde die Burg Bornstedt unter dem Namen „Brunistat“ bzw. Bru(nstedibur)g genannt. Erneut taucht Bornstedt in einer Urkunde Kaiser Ottos II. vom 20. Mai 979 auf. Hier wurden Ort und Burg unter der Bezeichnung „civitas et castellum Burnstediburg” aufgeführt, d. h. als eine Reichsburg, die auf dem Kirchberg stand. Eine weitere Befestigungsanlage befand sich auf der Höhe westlich vom Schlosse Bornstedt. Diese hatte sicherlich die Funktion einer Warte und war von der Burg durch das tiefe Tal der Heerstraße getrennt. Der Berg versperrt die Aussicht vom Schlossturm nach dieser Seite zum Auslugen ins Land.

Die Fläche der Burg hat die Ausmaße von 350 x 200 Metern. Die Burganlage ist zweiteilig. Der Eingangsbereich im Osten wir durch eine Sperrmauer von der westlichen Anlage der Burg getrennt. An ihr befindet sich der gut erhaltene und rund 30 Meter hohe Bergfried. Dieser ist im unteren Teil quadratisch (9 x 9 Meter) und geht im oberen Teil in einen Rundturm über. Der ursprüngliche Eingang zum Turm befindet sich in einer Höhe von über 10 Metern. Im östlichen Teil der Burg befinden sich die

Bornstedt, Bergfried

Burg Bornstedt, Grundriss (nach H. Wäscher)
1 Unteres Tor, 2 Kapelle, 3 Oberes Tor, 4 Bergfried

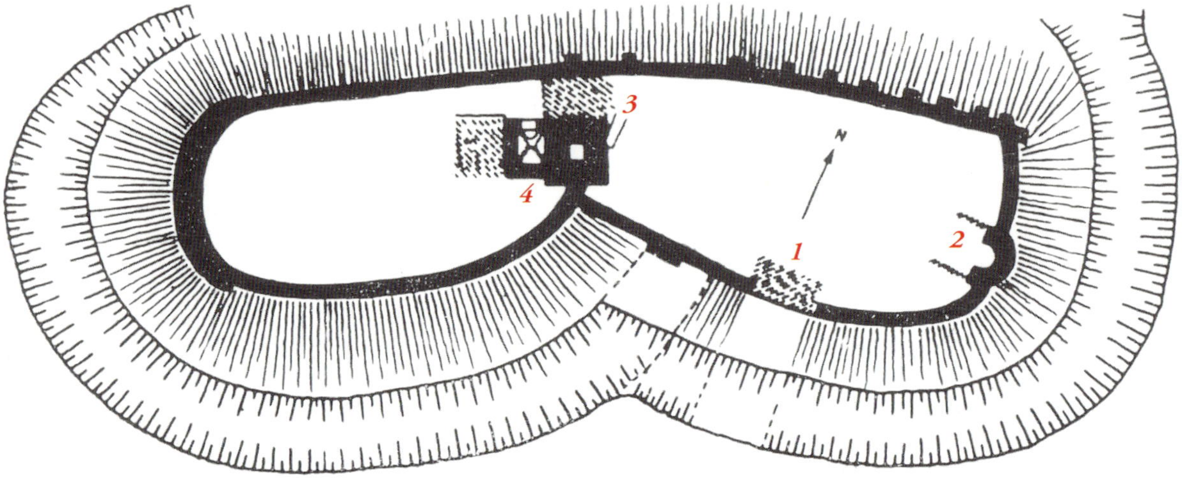

Überreste der Kapelle. Die steinernen Ringmauern der Burg haben die Form einer Brezel. Mehrere Wallanlagen schützten die Burganlage zusätzlich. Der Wirtschaftshof befand sich am Fuße der Burg.
Die Burg Bornstedt muss zurzeit Heinrich V. durch eine kaisertreue Besatzung verwaltet worden sein.

Der „alte“ Falkenstein

Der „alte“ Falkenstein wurde vermutlich unter Heinrich IV. im letzten Viertel des 11. Jahrhunderts auf einer waldigen Anhöhe im Selketal erbaut. Die Burg wurde auf einer kleinen und sehr schmalen Bergzunge errichtet, die an einigen Stellen nur wenige Meter breit ist. Die Anlage hat eine Länge von rund 200 Metern. Die ovale Kernburg im Westen wird durch einen tiefen Wallgraben von der rechteckigen Vorburg im Osten getrennt. Kleinere Reste der Ringmauer sind noch vorhanden. An der Ostseite der Kernburg, unmittelbar hinter dem Halsgraben, stand ein runder (hölzerner) Bergfried. Auch auf der Vorburg sind Fundamente eines runden Turmes nachweisbar.
Die das Selketal beherrschende Burg erhielt im Vorfeld der militärischen Auseinandersetzungen zwischen Kaiser und Adelsopposition ebenfalls eine kaiserliche Verstärkung. Der Feldhauptmann Hermann von Winzenburg wurde im Jahre 1114 mit Truppen auf den Falkenstein verlegt. Von hier aus unternahm er Streifzüge gegen die Feinde des Kaisers im nördlichen Schwabengau. Zugleich sollte die Burg einen Abschnitt am östlichen Harzrand gegen die Sachsen schützen.

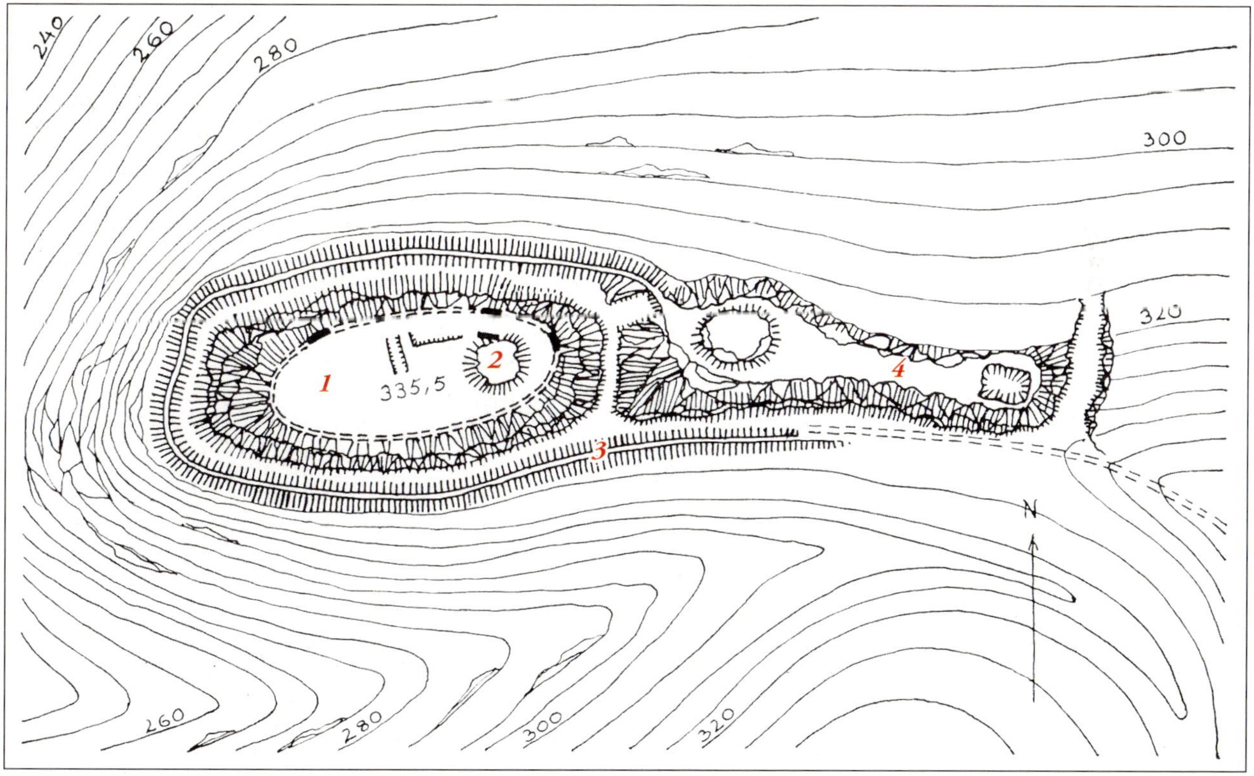

Alter Falkenstein, Lageplan (nach H. Wäscher) 1 Kernburg, 2 Bergfried, 3 Wallgraben, 4 Vorburg

Alter Falkenstein, Graben zwischen Vor- und Hauptburg

Gefolgsleute des Kaisers

Im kaiserlichen Heer befanden sich auch sächsische Edle mit ihrem Gefolge. So Friedrich IV. von Putelendorf. Er war nach seiner Auslösung aus der Haft auf Burg Hammerstein auf die Seite Heinrich V. gewechselt. Er erhoffte, dass er mit der Unterstützung des Kaisers den Kampf um die Pfalzgrafenwürde gegen seinen Widersacher Friedrich I. von Sommerschenburg zu seinen Gunsten entscheiden könnte. Wichtige Stützen des Kaisers waren ferner Timo von Landsberg und Hoyer II. von Mansfeld. Auch Graf Wichmann von Seeburg stand mit seinen Mannen im Heer des Kaisers. Als Günstling Heinrich V. musste er im Kampf der Krone gegen seine sächsischen Landsleute Flagge zeigen, obwohl die sächsische Adelsopposition von Wichmanns Verwandten, Lothar von Süpplingenburg

Aufmarsch des Kaiserlichen Heeres (H.-Chr. Rackwitz, Zörnitz)

angeführt wurde. Das verwandtschaftliche Verhältnis rührt von den Edelherren von Querfurt her, da sowohl die Seeburger als auch die Süpplingenburger von ihnen abstammten.

Gewaltmarsch des kaiserlichen Heeres

Als die Lage des Gegners beim Welfesholz erkundet war, führte Heinrich V. am 10. Februar 1115 sein Heer in einem Gewaltmarsch von Wallhausen auf der alten Reichsstraße über Sangerhausen, Blankenheim, Eisleben, Volkstedt und Siersleben heran. Der Sage nach soll er sein „Kriegsvolk nördlich von Eisleben" nochmals angehalten und die Reihen gemustert haben, weshalb „das Dorf später Volkstedt" hieß, wie Hermann Größler zu berichten weiß. Das Wetter war schlecht und es schneite unablässig. Wie die Chronisten berichten, sollen dem Heer vorangetriebene Stiere den Weg durch die Schneemassen gebahnt haben. Diese waren ja als Zugtiere reichlich im Tross vorhanden. Der Kaiser trieb zur Eile, da er glaubte, die Sachsen seinen noch nicht „fertig gerüstet". Als das kaiserliche Heer in die Gegend von Hübitz kam und die Sachsen erblickte, die hinter Siersleben standen, soll Heinrich V. der Überlieferung nach ausgerufen haben: „Sieh, hier ist Leben" und soll hinzugefügt haben: „Wenn wir siegen wollen, haben wir hie Witz nötig." Seitdem hießen beide Orte Siersleben und Hübitz. Noch am Abend des 10. Februars gab es Feindberührung. Das einsetzende Schneegestöber machte jedoch eine Kampfaufnahme unmöglich.

Aufmarsch der Heere

Autor: Steffen Schneider, Eisleben

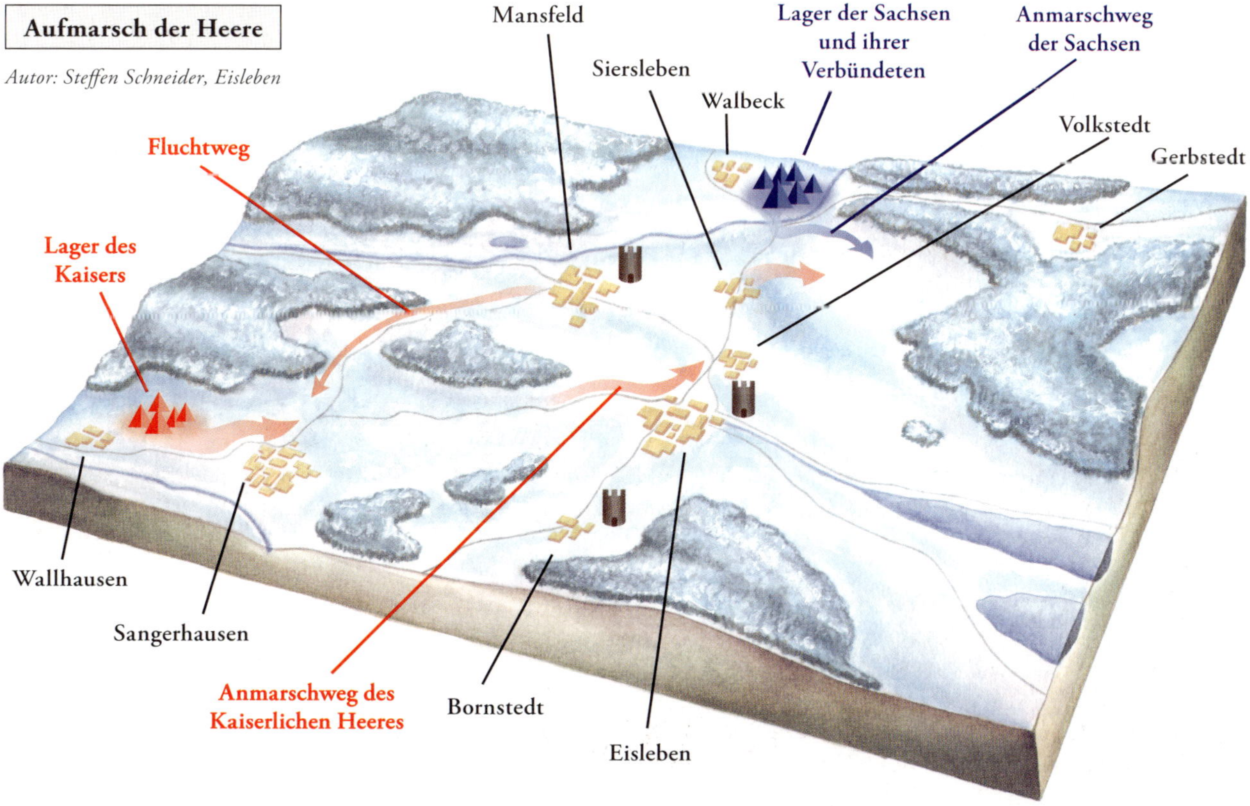

11. FEBRUAR ANNO DOMINI 1115

Der Ort unserer nachfolgenden Handlung befindet sich im Mansfelder Land, das damals zum „alten“ Herzogtum Sachsen gehörte. Es ist Donnerstag, der 11. Februar 1115. Zwischen Hettstedt und Gerbstedt standen sich zwei deutsche Heere feindlich gegenüber. Rund um den Lerchenberg, nördlich von Siersleben, hatten die Truppen Kaiser Heinrich V. Stellung bezogen.

Ihm gegenüber lagerten am Rande des Welfesholzes die aufständischen Sachsen und ihre Verbündeten unter Führung von Lothar von Süpplingenburg. Schon der Name Welfesholz birgt eine mystische Ausstrahlung in sich. Der Sage nach soll er von einer Kindesmörderin herrühren. Die zum Tode Verurteilte erhielt „als letzte Gnade die Erlaubnis, noch einmal ein Stück Feld besäen und die Früchte davon ernten zu dürfen“. Sie säte jedoch „Eicheln“ aus, „und bevor sie die Frucht von dieser Aussaat ernten konnte, starb sie eines natürlichen Todes.“

Vorbereitung zur Schlacht

Es ist bitterkalt und der Himmel ist mit dicken Schneewolken verhangen, leichter Schneefall setzt ein. Fröstelnd schreckt Hoyer von Mansfeld, der Heerführer des Kaisers, aus seinem Halbschlaf auf. Kurzzeitig war die Wolkendecke aufgerissen und die Sonne malte das künftige Schlachtfeld blutrot aus. Sollte dies ein böses Omen für den Ausgang der bevorstehenden Schlacht sein? Hoyer schüttelt diese Vision schnell ab. Seine Gedanken eilen voraus – ein Sieg am heutigen Tag über die Gegner des Kaisers und er, Hoyer von Mansfeld, würde der neue Herzog von Sachsen sein. Doch bevor es soweit sein sollte, musste eine blutige Schlacht geschlagen werden, deren Ausgang noch ungewiss war. Der einsetzende Waffenlärm des erwachenden Heeres riss ihn in die Wirklichkeit zurück. Nach seinen Anweisungen begannen die Unterführer die Ritter, Söldner und Knechte des kaiserlichen Heeres in Schlachtordnung aufzustellen. Das Schicksal nahm seinen Lauf.

Das Schlachtfeld um den Lerchenberg

Der Hoyerstein

Im kaiserlichen Heer rief man Gott um Beistand an. Der Kaplan des Kaisers hielt die Morgenandacht und gab den Kämpfern seinen Segen. Dann gab es noch ein zusätzliches Schauspiel. Hoyer von Mansfeld griff der Legende nach in einen großen Feldstein hinein, als ob es sich um einen „Weizenteig" handle. Hierbei sprach er die Worte:

„Ich, Graf Hoyer ungeboren,
Hab' noch nie eine Schlacht verloren.
So wahr ich greif' in diesen Stein,
Auch diese Schlacht muss meine sein!"

Die nachfolgende Schlacht sollte zeigen, ob sich seine Prophezeiungen erfüllen würden. Heinrich V. traf persönlich die Anordnung zur Schlacht. Neben dem von ihm selbst geführten Schlachthaufen stand eine zweite Abteilung unter Führung des Timo von Landsberg. Der Feldhauptmann Graf Hoyer von Mansfeld sollte die Vorhut ins Gefecht führen.

Der Hoyerstein bei Welfeholz

Im sächsischen Lager

Der Bischof Reinhard von Halberstadt hielt den Morgengottesdienst und ermunterte die Sachsen und ihre Verbündeten zum bevorstehenden Kampf. Er ritt durchs Lager und ermahnte die Fürsten, Edelherren und Ritter Gut und Blut der gerechten Sache zu opfern und ritterlich für die Ehre und das Wohl des Vaterlandes zu kämpfen. Dann segnete er die Kämpfer.

Das sächsische Aufgebot hatte vor dem Welfesholz Aufstellung genommen. Hier standen die Heerhaufen aufgereiht. Die Treffen standen unter Führung von Lothar von Süpplingenburg, Rudolf von Stade, Friedrich I. von Sommerschenburg und Wiprecht III. der Jüngere von Groitzsch. Daneben waren die Formationen des Erzbischofs von Magdeburg und des Bischofs von Halberstadt. Es folgten die Aufgebote der westfälischen Grafen Friedrich von Arnsberg, Heinrich von Rietburg und Hermann von Kalvelage. Ihnen schlossen sich die Truppen des Erzbischofs von Köln und des Grafen von Limburg an.

Der Zweikampf

Der Mansfelder sprengte jedoch eigenmächtig mit wenigen Waffengefährten auf die Reihen der Sachsen zu. Er trieb sein Streitross so ungestüm an, wie in den Pegauer Annalen berichtet wird, dass ihm nur noch sein Waffengefährte Ludolf folgen konnte. Er war hoch motiviert, denn im Falle eines Sieges winkte dem Mansfelder das Herzogtum Sachsen als Lohn. Er suchte seinen erbitterten Todfeind. Als er sah, dass sich Wiprecht von Groitzsch mit seinen engsten Waffengefährten, dem tapferen Brüderpaar Hermann und Konrad, aus dem sächsischen Heer löste, sprang Hoyer von Mansfeld übermütig von seinem Streitross. Dies sollte ihm zum Verhängnis werden. Als Fußkämpfer war er dem berittenen Groitzscher, der ebenfalls ein hervorragender Ritter war, unterlegen. Wiprecht galoppierte auf seinem Pferd heran und fügte Hoyer einen schweren Lanzenstich zu. Ludolf zog den Speer aus dem Brustpanzer Hoyers heraus und dieser drang nun mit dem Schwert auf Wiprecht ein. Dieser wich einem Schlag Hoyers geschickt aus und traf diesen in der Gegenattacke mit einem gewaltigen Hieb auf dem Helm. Als sich der Mans-

Der Zweikampf (Hans-Christoph Rackwitz, Zörnitz)

felder wieder aufrichten wollte, durchbohrte ihn Wiprecht unterhalb des Brustpanzers mit dem Schwert. Graf Hoyer von Mansfeld brach tödlich verletzt zusammen.

Die Schlacht

Erst jetzt gerieten die beiden feindlichen Heere, deren Ritter in gespannter Erwartung diesen Zweikampf verfolgt hatten, unter lautem Geschrei aneinander. Es entbrannte ein blutiges Schlachtgetümmel. Den Überlieferungen zufolge sollen drei Sachsen auf fünf Kaiserliche gekommen sein. Der Sage nach blieb der Streit lange unentschieden. Die Sachsen gerieten in große Bedrängnis, „da geschah ein Wunder, denn ein Weidenstamm rief dreimal nach einander Jodute und Zeter (nach anderen Tiodute oder Ziodute), und alsbald wandte sich das Glück auf die Seite der Sachsen."

Die moralisch überlegenen Sachsen, die für die Freiheit ihres Landes und ihrer Kinder kämpften, gewannen mit

Die Schlacht

Autor: Steffen Schneider, Eisleben

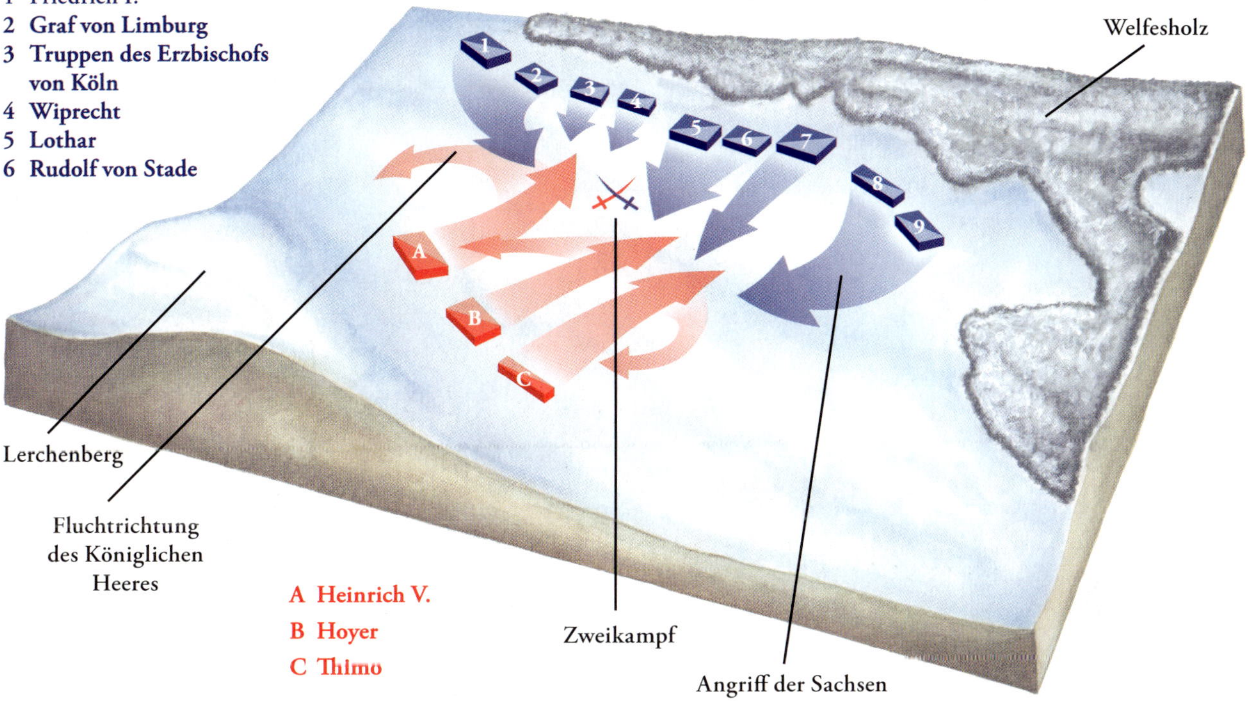

ihren Verbündeten bald die Oberhand. Wie Schafe sollen die Kaiserlichen von den Sachsen niedergemacht worden sein. Einige hundert der kaiserlichen Ritter und Knechte wurden erschlagen. In den vielen Sagen, die sich um die Schlacht am Welfesholz ranken, wurden die Feldmarken „hitziges Tal" und „Drengel" sowie die Orte Rodewelle und Thondorf mit dem Schlachtgeschehen verwoben. So wurde der „hitzige Angriff" der Sachsen, dem das „Gedränge" mit den gegnerischen Kämpfern und der daraus folgenden „Blutwelle" der Erschlagenen mit der „Begräbnisstätte Totendorf" in Verbindung gebracht, ohne zu berücksichtigen, dass die beiden Orte Rodewelle, heute wüst, und Thondorf schon lange vor der Schlacht diesen Namen führten.

Flucht in der Dunkelheit

Das Schlachtgetümmel soll den ganzen Tag angedauert haben. Erst die einbrechende Dunkelheit, die freilich im Februar früh einsetzte, machte dem Gemetzel und der unablässigen Verfolgung der flüchtig gewordenen Überreste des kaiserlichen Heeres durch die Sachsen ein Ende. Die Sachsen erfochten einen glänzenden Sieg über das kaiserliche Heer.

Die Sachsen blieben noch die ganze Nacht auf der Walstatt, da sie einen erneuten Angriff durch Heinrich V. befürchteten.

Verluste

Von den sächsischen Großen und ihren Bundesgenossen war nur der Tod des Grafen Heinrich I. von Rietberg, Vogt von Paderborn, zu beklagen. Hoch waren die Verluste auf kaiserlicher Seite. Neben Hoyer von Mansfeld blieben dessen Sohn Siegfried, Konrad von Meringen und wohl auch Graf Wichmann von Seeburg neben vielen Rittern und Knechten als Tote auf dem Schlachtfeld zurück. Teile des kaiserlichen Heeres flüchteten zunächst in südlicher Richtung vom Schlachtfeld. Sie wurden der Sage nach von den Anwohnern gefragt: „Nun, wie steht's denn mit euch?“ Als Antwort erhielten sie: „Mit uns ist's aus!“ So erhielt der Ort, „wo sie das sagten, den Namen Ausdorf [Augsdorf]“. Der Kaiser, ein Teil seiner Ritter und nur wenige Knechte entkamen dem Gemetzel durch ihre Flucht über Leimbach in Richtung Sangerhausen / Wallhausen.

Sangerhausen

Sangerhausen wurde erstmals im Hersfelder Zehntverzeichnis (880 – 899) urkundlich erwähnt. Im Jahre 1194 wurde Sangerhausen das Stadtrecht verliehen. Wichtiger Wirtschaftszweig war seit dem Mittelalter der Silber- und Kupfer-Bergbau. Zeugen des einstigen Bergbaus sind der Museumsschacht Wettelrode und die riesige Abraumhalde im Norden der Stadt.

Sangerhausen, Markt

Nach der Schlacht (Hans-Christoph Rackwitz, Zörnitz)

Sangerhausen verfügt über drei mittelalterliche Kirchen: die Marktkirche St. Jakobi, die St.-Ulrici-Kirche und die Marienkirche. Im Umfeld der St.-Ulrici-Kirche, die mit ihrer romanischen Pfeilerbasilika auf Ludwig den Springer zurückgeht, wirkte Jutta von Sangerhausen (1200 - 1260).
Auch einige Profanbauten wie die Reste des „Alten Schlosses", das Neue Schloss und das Rathaus stammen aus dem Mittelalter.
Weltberühmt ist das 1903 gegründete Europa-Rosarium Sangerhausen mit seinen über 6500 Rosenarten.
Im Spengler-Museum befindet sich das vollständige Skelett eines Alt-Mammuts.

Sangerhausen, alter Stich

Rosarium Sangerhausen

Der Kampf um die Burgen

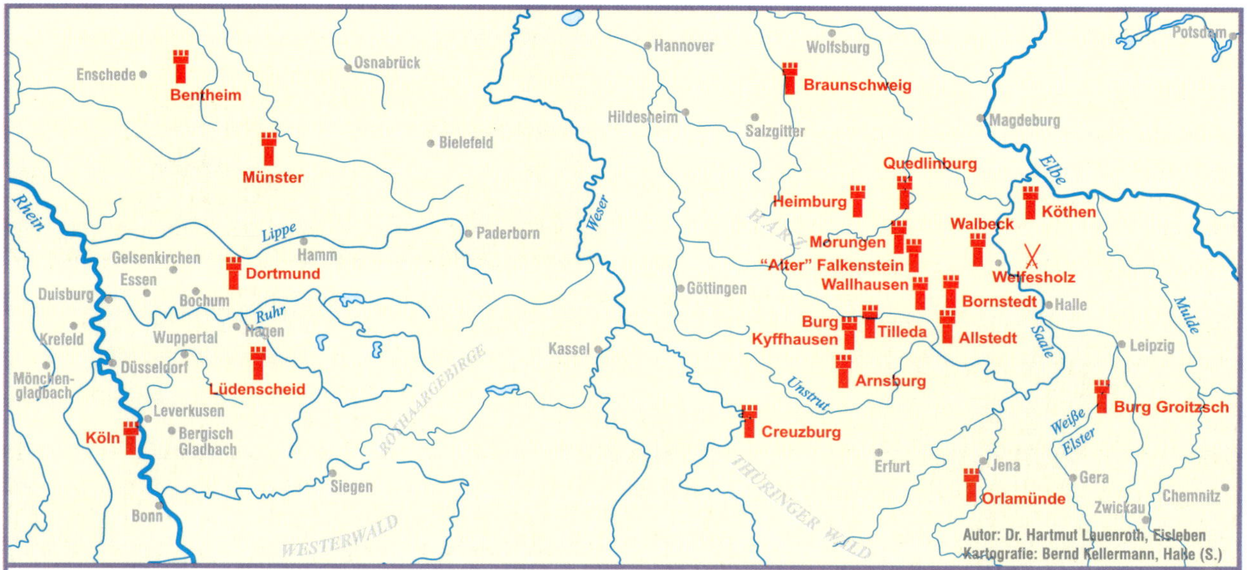

Burg Groitzsch	Belagerung 1113 durch Heinrich V.
Köln	Aufstand am Niederrhein Mitte 1114; Heinrich V. vor Köln, Herbst 1114
Creuzburg	Fürstenbündnis um den 26. August 1114
Orlamünde	Belagerung, Herbst 1114
Walbeck	Heer der Fürstenopposition 1114
Braunschweig	Einfall Heinrich V., Januar 1115
Welfesholz	Heer der Fürstenopposition,Februar 1115; Schlacht am 11. Februar 1115
Köthen	Sieg Ottos über die Wenden, 9. Februar 1115
Wallhausen	Heerlager Heinrich V., 10. Februar 1115
Münster	ergibt sich 1115 Lothar von Süpplingenburg

Eroberungen im Jahr 1115
Quedlinburg, Heimburg, Dortmund, Lüdenscheid, "Alter" Falkenstein, Wallhausen, Morungen, Bornstedt, Allstedt

Eroberungen im Jahr 1116 Bentheim, Burg Groitzsch, Beyernaumburg, Arnsburg

Eroberungen im Jahr 1118 Kyffhäuser, Tilleda

DIE ZERSCHLAGUNG DER KAISERLICHEN BURGEN

Die Rache der Sieger

Nach der Niederlage des kaiserlichen Heeres in der Schlacht am Welfesholz wurden zunächst mehrere Dörfer des Grafen von Mansfeld zerstört. Der Überlieferung nach flüchteten die Bewohner „nach dem nahe gelegenen Gerbstedt, klopften an die Pforte des dortigen Klosters und baten um Erlaubnis, sich vor dem Orte anbauen zu dürfen. Das wurde ihnen gewährt, und so entstand die Vorstadt von Gerbstedt, Kloppan.“ Das Kloster Gerbstedt kam unter den Schutz der Sachsen. Danach begruben die Sachsen ihre Toten. Die Toten des kaiserlichen Heeres blieben auf der Wallstatt liegen. Der Bischof von Halberstadt verwehrte ihnen ein christliches Begräbnis.

Lothar von Süpplingenburg und seine Verbündeten befürchteten, dass Heinrich V. einen militärischen Gegenschlag gegen sie vorbereite. Deshalb wollten sie den Sieg in der Schlacht am Welfesholz ausnutzen, um das angeschlagene kaiserliche Lager durch weitere militärische Operationen zu zermürben. Sie richteten ihre militärischen Aktionen gegen die Verbündeten des Kaisers in ihrem eigenen Herrschaftsgebiet.

Härte gegenüber Mansfelder Grafen

Ob die Burg Mansfeld, als eines der Zentren und eine der Stützen der kaiserlichen Macht in der Region belagert und erobert worden ist, oder ob durch den Tod von Hoyer II. die Familie die Burg freiwillig auslieferte, kann nicht belegt werden. Es kann vermutet werden, dass es so war. Die sächsischen Großen, insbesondere Reinhard Bischof von Halberstadt, gingen hart gegen die Familie von Hoyer II. von Mansfeld vor. Der Bischof von Halberstadt, der geistliche Führer der sächsischen Edlen im Kampf gegen Heinrich V., bemächtigte sich der Gaugrafschaft im nördlichen Hosgau. Er nötigte Hoyer III., den Sohn und Erben, die väterliche Herrschaft Mansfeld und die Gaugrafschaft von dem Stifte Halberstadt als Lehen zu nehmen. Diese Lehnshoheit konnte erst im Jahre 1267 aufgehoben werden. Der Stern der Mansfelder verblasste zunächst für einige Jahrzehnte.

Die Quedlinburg

Die Besatzung der Quedlinburg hielt nach der Schlacht am Welfesholz zu Kaiser Heinrich. Deshalb „legten“ sich der Bischof Reinhard von Halberstadt, der Pfalzgraf Friedrich von Sachsen und der Markgraf Rudolf der Nordmark vor die Stadt und Burg und eroberten sie. Danach zogen die sächsischen Fürsten weiter zur Heimburg.

Die Heimburg

Die bereits Eingangs vorgestellte Heimburg, die mit einer kaisertreuen Besatzung belegt war, sperrte die nach Thüringen und in die Goldene Aue führenden Straßen. Nach der Schlacht am Welfesholz wurde sie durch den Bischof Reinhard, den Markgrafen Rudolf sowie den Pfalzgrafen

Heimburg, Reste der Wehranlage

Friedrich belagert und erobert. Die Heimburg wurde bereits im Jahre 1120 wider aufgebaut.

Kämpfe im Rheingebiet

Lothar selbst marschierte mit Friedrich von Arnsberg, Hermann von Kalvelage und Heinrich von Limburg nach Dortmund. Sie eroberten die kaisertreue Stadt und schleiften die Befestigungsanlagen.
Der Erzbischof Friedrich von Köln eroberte die „sehr feste“ kaiserliche Burg Lüdenscheid und zwei weitere kleinere Burgen in Westfalen. Ein Kölner Aufgebot bemächtigte sich der Burg Wissel, die von den Herren von Wischele bewohnt war. Sie waren Lehnsleute von Dietrich Graf von Kleve, einem Verbündeten Heinrich V. Durch diese siegreichen Aktionen säuberte Erzbischof Friedrich von Köln sein Umland von kaisertreuen Anhängern.

Über Münster nach Wallhausen

Nach der Zerstörung Dortmunds zog Lothar von Süpplingenburg nach Münster. Hier residierte der Bischof Burchard, der ein Getreuer Kaiser Heinrichs V. war. Die Bürger der Stadt unterwarfen sich Lothar und es wurde „Frieden“ geschlossen. Lothar zog weiter nach Corvey, wo er die Abgesandten des Kaisers, den Herzog Welf von Bayern und den Bischof Erlung von Würzburg, traf. Es kam jedoch nicht zu dem erhofften Frieden.

Daraufhin wandte sich Lothar erneut dem Harz zu. Sein nächstes Ziel war das Selketal, wo der kaisertreue Graf Hermann von Winzenburg auf dem „alten“ Falkenstein saß. Hermann verunsicherte mit seinen Truppen das umliegende sächsische Land und unternahm von hier aus Beutezüge. Die kaiserliche Burg, der „alte“ Falkenstein, wurde von Lothars Truppen belagert, erobert und völlig zerstört.
Hermann von Winzenburg wich auf die Burg Wallhausen aus. Lothar folgte ihm und belagerte die dortige Burg. Nach längerer Belagerung wurde die Burg erobert und ge-

Auf dem alten Falkenstein

schleift. Die Pfalz mit ihrem großen Wirtschaftshof wird sicherlich ebenfalls erobert worden sein. Aus wirtschaftlichen Erwägungen heraus wurde sie sicherlich nicht zerstört. In diesem Feldzug scheint auch die Burg Morungen, die sich im Besitz der Mansfelder befand, erobert worden sein.

Burg Morungen

Die Burg (Alt) Morungen wurde im Hersfelder Zehntverzeichnis (880 – 899) als „Morunga" im Friesenfeld erstmals erwähnt. Sie kam als Mitgift der Gräfin Sigena von Leinungen an die Groitzscher.

Alt Morungen, Reste der Wehranlage

Nachdem Wiprecht II. der Ältere von Groitzsch Heinrich V. einige Jahre treue Dienste geleistet hatte, kam es im Zusammenhang mit den böhmischen Thronstreitigkeiten zum Bruch. Wiprecht III. der Jüngere eilte seinem Onkel mit einem Heer zu Hilfe. Daraufhin schritt Heinrich V. ein. Er ließ im Jahre 1110 Wiprecht III. und Boriwoi von Böhmen festnehmen und warf sie in das Verlies der Burg Hammerstein.
Um seinen Sohn aus der Haft zu befreien, übergab Wiprecht II. der Ältere von Groitzsch im Jahre 1112 seine Gaue Nisan, an der Elbe um Dresden, und Bautzen (Budissin) sowie die Burgen Leisnig und Morungen an den Kaiser. Dieser belehnte Hoyer II. von Mansfeld mit (Alt) Morungen. Nach der Schlacht am Welfesholz wurde die Burg von Lothar von Süpplingenburg erobert und ging an die Groitzscher zurück.

Bornstedt wird „gebrochen"

Zwischenzeitlich war Wiprecht III. der Jüngere von Groitzsch mit seinem Gefolge ebenfalls militärisch aktiv gegen die kaiserlichen Burgen vorgegangen. Wie der Chronist berichtet, wurde das „Schloss" Bornstedt durch ihn belagert, erobert und „zum Teil zerbrochen". Nach der Eroberung und Zerstörung der Burganlage durch die Sachsen muss es einen Wechsel der Besitzer gegeben haben. Ab 1120 taucht das Geschlecht der Edelherren von

Bornstedt, Unteres Tor und Kapelle

Bornstedt als Inhaber der Burg auf. Ein Esico war Zeuge in einer Urkunde des Bischofs Reinhard von Halberstadt vom 16. April 1120, in der er die Rechte und Pflichten des Propstes von Kaltenborn und die Besitzungen des Klosters bestätigte. Esico stammt von den Edlen von Schraplau ab, die wiederum Nachfahren der Grafen von Ballenstedt sind. Es kann vermutet werden, dass hier die sächsischen Großen diese Reichsburg mit einem Geschlecht aus ihren eigenen Reihen belehnten. Im Jahre 1141 gründete Esico oder sein Sohn das Zisterzienserkloster Sittichenbach.

Die Königspfalz Allstedt

Nun marschierten die sächsischen Fürsten wenige Kilometer weiter zur Reichsburg Allstedt. Diese liegt auf einer nach drei Seiten steil abfallenden Bergzunge, die von dem kleinen Flüsschen Rohne umflossen wird.

Schloss Allstedt, Historische Aufnahme

Im Hersfelder Zehntverzeichnis (880 – 899) wurde die Burg in der Liste B als „Altstediburg" bezeichnet. Allstedt war eine bedeutende Königspfalz, die auch im Sachsenspiegel Erwähnung fand.

Die Besatzung von Allstedt muss kaisertreu gewesen sein, denn nach der Schlacht am Welfesholz wurde die Burg im Jahre 1115 belagert und erobert. Dies war strategisch notwendig, um den Rücken für die Belagerung der Reichsburg Kyffhausen freizubekommen.

Neue Kampfhandlungen 1116

Der Herzog Lothar von Sachsen belagerte in der ersten Hälfte des Jahres 1116 die Burg Bentheim in Westfalen. Er eroberte und brandschatzte die Wehranlage. Während der Kämpfe um die Burg kam wahrscheinlich der letzte der Northeimer Grafen, Otto der Jüngere, zu Tode. Die zerstörte Burg wurde nach kurzer Zeit wieder aufgebaut und ging in den Besitz von Otto Graf von Salm-Rhieneck über. Dieser war ein Schwager Lothars.

Wiprecht der Jüngere „marschiert"

Nach der Schlacht am Welfesholz kam Wiprecht der Jüngere bei seinem Schwager Dedo IV. von Wettin unter, der mit seiner Schwester Bertha verheiratet war. Wiprecht wurde der Vorplatz einer Kirche zugewiesen, die er zu einer wehrhaften Stätte ausbaute. Wenige Wochen später eroberte Wiprecht Düben und weitere zweiundzwanzig Orte.

Burg Groitzsch, Rundkapelle

Danach zog Wiprecht III. mit einem 2000 Mann starken Heer, in dem größere Truppenkontingente der Markgräfin von Braunschweig und des Erzbischofs Adelgot von Magdeburg waren, zu seinem väterlichen Stammsitz, die Burg Groitzsch. Diese befand sich noch in Feindeshand. Die Burg wurde belagert und zurückerobert.

Belagerung von Beyernaumburg

Östlich des Kyffhäusers leisteten einige kaiserliche Burgen noch Widerstand. Die sächsischen Fürsten beschlossen, diese Burgen mit Waffengewalt zu brechen.

Es begann die Belagerung der Burg Naumburg (Neuenburg) am Kyffhäusergebirge durch sächsische Truppen. Der Erzbischof Adelgot, der Bischof Reinhard, der Pfalzgraf Friedrich, Wiprecht der Jüngere von Groitzsch und Ludwig, ein Sohn Ludwig des Springers, zogen mit ihren Aufgeboten vor die Burg, die Heinrich V. dem Grafen von Seeburg zum Lehen gegeben hatte.

Gefangenname des Heinrich Haupt

Als die Belagerer Mannschaften ausschickten, um Nahrungsmittel aufzutreiben, fügte ihnen der königstreue Burggraf von Meißen, der Reichsministeriale Heinrich Haupt (Heinrich „mit dem Haupte") beträchtliche Schäden zu. Wiprecht, Ludwig und andere Adlige griffen zu einer List. Sie verkleideten sich und mischten sich unter einen Trupp, der zur Beschaffung von Nahrungsmitteln auszog. Heinrich Haupt griff diesen Trupp an. Er wurde von den adligen Herren stark bedrängt und in die Flucht geschlagen. Er flüchtete sich in die Arnsburg, eine beim Dorfe Seega an der thüringischen Wipper gelegene Reichsburg. Die Burg wurde belagert und eingenommen.

Arnsburg bei Seega

Heinrich „mit dem Haupte" wurde gefangen genommen. Auf die Kunde hiervon übergab die Besatzung der Naumburg (Beyernaumburg) die Burg an die Belagerer. Die Burg befand sich bis zum Jahre 1117 in den Händen der Sachsen.

Von einer Belagerung der Seeburg gibt es keine Nachricht. Vielleicht mag der Tod des Grafen Wichmann I. von Seeburg hierfür der Grund gewesen sein bzw. schützten die verwandtschaftlichen Bande zu Lothar von Süpplingenburg die Familie des gefallenen Grafen vor weiteren Sanktionen.

Gefangenenaustausch

Durch die Gefangennahme des Ministerialen Heinrich Haupt sah sich der Kaiser veranlasst, diesen gegen den Grafen Wiprecht II. der Ältere von Groitzsch, Ludwig den Springer und den Bischof von Mainz auszutauschen.

Blick von der Unterburg zum Kyffhäuser-Denkmal

Heinrich V. gab von Italien aus den Befehl, seine hochkarätigen Gefangenen auf freien Fuß zu setzen, was am 29. September 1116 erfolgte.

Kämpfe flammen 1118 auf

Die sächsischen Fürsten fühlten sich im Jahre 1118 erneut durch eine kaiserliche Burg in ihrer Sicherheit bedroht. Die Gefahr ging von der Reichsburg Kyffhausen aus. Die Burg liegt auf einem Höhenrücken des Kyffhäusergebirges und schützte die Talstraße von Nordhausen nach Halle und die hier von Süden einmündende Straße nach Erfurt. Die Unterburg und Teile der Mittelburg wurden im 11. Jahrhundert zum Schutz der am Fuße des Kyffhäusers liegenden Königspfalz Tilleda angelegt.

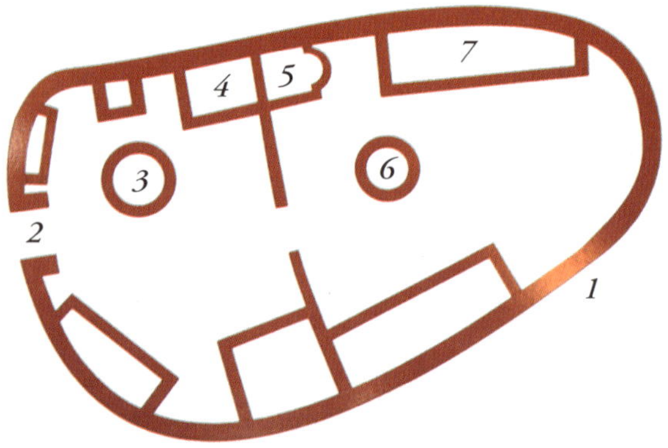

Kyffhäuser, Lageplan der Unterburg

1 Ringmauer
2 Kammertor
3 Bergfried
4 Wohnturm
5 Kapelle
6 Wohnturm
7 Wohn- und Wirtschaftsgebäude

Der Zugang zur Unterburg erfolgte über ein einfaches Kammertor. Eine Zugbrücke ist für die damalige Zeit nicht nachweisbar. Die Verteidigung erfolgte von oben. Der runde Bergfried im westlichen Teil der Unterburg hat eine Mauerstärke von 3,5 Metern und einen Durchmesser von ca. 11 Metern. Von dem einstmals 30 Meter hohen Turm steht heute nur noch ein fünf Meter hoher Stumpf. An der nördlichen Ringmauer stehen die baulichen Reste

Kyffhäuser, Kammertor

der dreiteiligen Kapelle. Das Schiff hatte eine Größe von 6 x 7,5 Metern. Der Chorraum war 3,3 Meter lang und 4,7 Meter breit. Der älteste Wohnbau liegt unmittelbar neben der Kapelle und hat die Ausmaße von 11 x 13 Metern. Im Erdgeschoss befand sich ein noch heute vorhandener Kamin. Der Eingang zum Turm befand sich ursprünglich in der oberen Etage.
Die Burg wurde von dem Grafen Friedrich IV. (III.) von Putelendorf, Pfalzgraf von Sachsen, verteidigt. Er war nach der Auslösung aus seiner Haft auf Burg Hammerstein auf die Seite Heinrich V. gewechselt. Er erhoffte, dass er mit

Kyffhäuser, Reste Rundturm

Tilleda, Spanische Reiter

der Unterstützung des Kaisers den Kampf um die Pfalzgrafenwürde gegen seinen Kontrahenten, seinen Cousin Friedrich I. von Sommerschenburg, zu seinen Gunsten

Kyffhäuser, Kapelle

entscheiden könnte. Friedrich IV. war der einzige, nachgeborene Sohn des Grafen Friedrich III. von Goseck und der Adelheid, Tochter des Markgrafen Lothar Udo II. von Stade. Seine Mutter heiratete in zweiter Ehe Ludwig den Springer von Thüringen.

Friedrich IV. von Puttelendorf hatte den Kyffhäuser zu einer starken Feste ausgebaut und verteidigte die Burg mit viel Geschick. Die Belagerung zog sich in die Länge. Durch ständige Ausfälle der Burgbesatzung beunruhigte er das umliegende Land. Erst im Verlaufe des Jahres 1118 wurde der Kyffhäuser durch Friedrich I. von Sommerschenburg erobert und zerstört.

Eroberung der Königspfalz Tilleda

In diesem Zusammenhang wurde auch die Königspfalz Tilleda erobert. Die Pfalz wurde erstmals zu Beginn des 9. Jahrhunderts erwähnt. Sie ist sicherlich auf König Heinrich I. (916-936) zurück zu führen. Zur Sicherung der Pfalz wurden eine Haupt- und eine Vorburg errichtet. Noch im 11. Jahrhundert verlor die Pfalz durch den Bau der Kyffhäuserburgen ihre militärische Bedeutung.

Kurzfristig, vermutlich in der Zeit der Auseinandersetzungen zwischen den Sachsen und der Krone, wurde die Hauptburg nochmals befestigt, wenn auch nur provisorisch. Wie neuere Forschungen zeigen, wurden auch die

Befestigungsanlagen der Kaiserpfalz Tilleda im Jahre 1118 erobert und nieder gebrannt.

Thüringer Burgen

Der thüringische Adel um die Familie Ludwig des Springers ging an die Belagerung und Brechung der kaiserlichen oder dem Kaiser ergebenen Burgen in ihrer Region. Die Neuenburg bei Freyburg, die Burg Orlamünde, die Wartburg sowie andere Burgen wurden wieder unter ihre Kontrolle gebracht.

Tilleda, Spanische Reiter und Kammertor der Hauptburg

Pfalz Tilleda, Lageplan

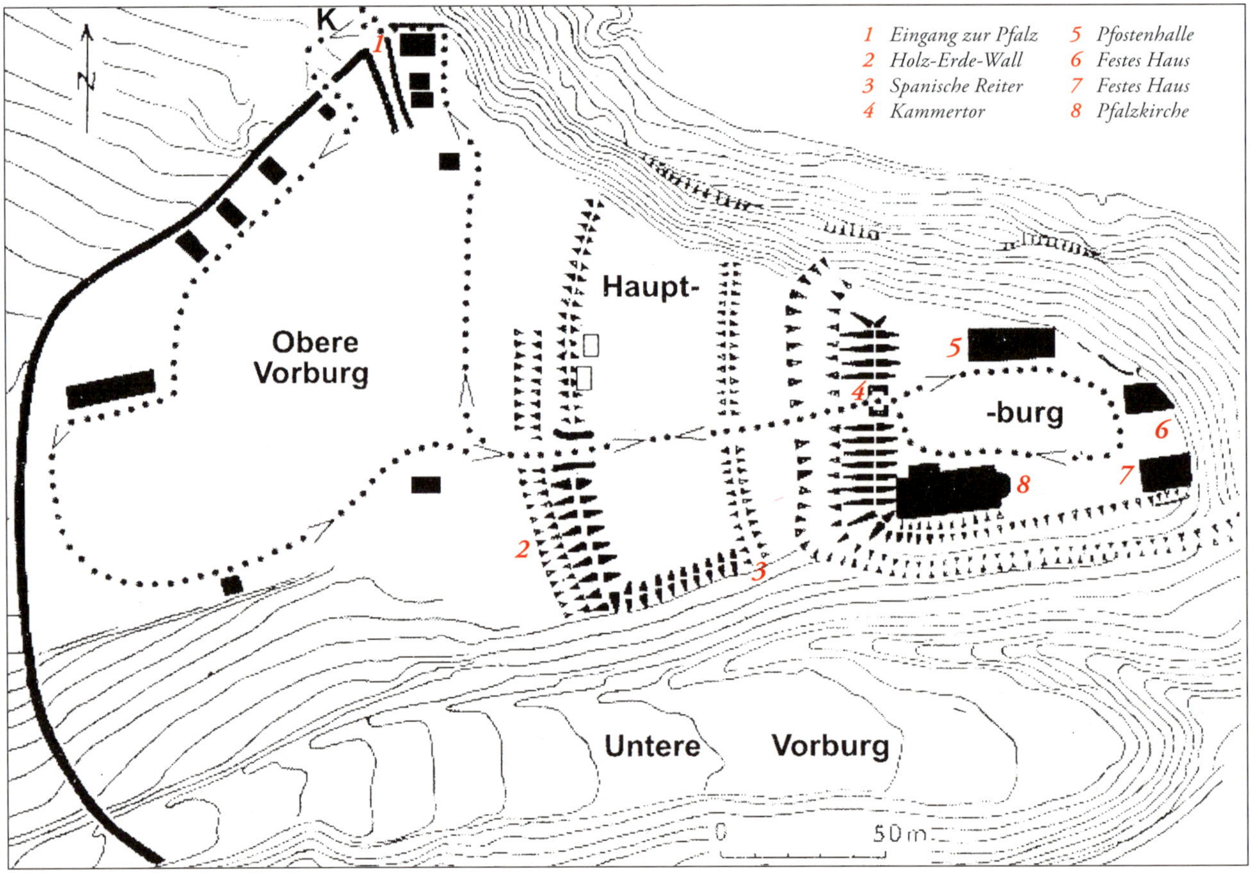

Falkenstein

Die Edelherren von Konradsburg, die aktiv an der Seite der Sachsen gegen die Krone gekämpft hatten, gingen nach der Schlacht am Welfesholz als Gewinner hervor. Burchard von Conradsburg erhielt im Jahre 1120 den Auftrag eine neue Burg Falkenstein zu errichten. Diese wurde in der Nähe des „alten" Falkensteins gebaut. Erstmalig bezeichneten sich die Konradsburger im Jahre 1120 als Edelherren von Falkenstein und letztmalig im Jahre 1142 als von Konradsburg.

Zisterzienserkloster Sittichenbach

Sittichenbach gehört seit dem 1. Januar 2009 als Ortsteil zur Lutherstadt Eisleben. Es liegt am Südhang des bewaldeten Bischofröder Höhenrückens im Rohnetal. Eine erste überlieferte schriftliche Nachricht über den Flecken Sittichenbach finden wir im Hersfelder Zehntverzeichnis. Im Jahre 1141 stiftete der Edle Esico von Bornstedt das Zisterzienserkloster Sittichenbach. Das Kloster wurde der hl. Maria geweiht und mit 12 Mönchen des Klosters Walkenried besetzt. Zum Abt wurde der Mönch Volkuin

Der Falkenstein

Kloster Sittichenbach, Abtskapelle

gewählt, der dem Kloster bis zu seinem Tod im Jahre 1172 vorstand. Von Sittichenbach wurden die Klöster Lehnin (1180/03), Buch bei Leisnig (1192), Grünhain im Erzgebirge (1236) und Chorin (1257) besiedelt. Von Kloster Sittichenbach ging im Jahre 1426 die Gründung des Bernhardinerkollegs an der Universität Leipzig für Mönche des Zisterzienserordens aus. Heute zeugen noch die Abtskapelle, der Mönchsstollen, die Klosterteiche und das Taubenhaus vom einstigen Glanz des Klosters.
Die Gaststätte „Zum fahrenden Musikanten" hat überregionalen Ruf.

Kloster Sittichenbach, Fischteich

Josephskreuz

Eine ganz ungewöhnliche Attraktion finden wir in der Nähe von Stolberg. Auf dem großen Auerberg wurde nach dem Vorbild des Pariser Eiffelturms ein Aussichtsturm in Form eines Doppelkreuzes errichtet – das Jo-

Josephskreuz

sephskreuz. Es ist 38 Meter hoch und wiegt 123 Tonnen (bzw. wenn ein neuer Farbanstrich aufgebracht wurde 125 Tonnen). Die Konstruktion wird von etwa 100.000 Nieten zusammengehalten.

Stollberg im Harz

Eine Perle des Harzes ist der Luftkurort sowie die Historische Europastadt Stollberg im Harz. Im Jahre 1210 wurde erstmals ein Graf Heinrich zu Stolberg urkundlich erwähnt. Schloss Stolberg, das sich seit November 2002 im Besitz der Deutschen Stiftung Denkmalschutz befindet, wird gegenwärtig fachgerecht saniert.

Das Rathaus stammt aus dem Jahre 1454 und konnte nur über eine äußere Treppe, die auch zur spätgotischen St.-Martini-Kirche führt, erreicht werden.

Ein Denkmal und das Thomas-Müntzer-Haus erinnern an den Bauernführer, der in Stolberg geboren wurde.

Stollberg, Rathaus

SCHLUSSBETRACHTUNGEN

Wenn wir die Ereignisse, die sich zu Beginn des 12. Jahrhunderts abspielten, zusammenfassen, so können wir konstatieren, dass sich das Verhältnis zwischen Heinrich V. und den Reichsfürsten sowie zwischen den Fürsten untereinander sehr widersprüchlich gestaltete. Bündnisse wurden geschlossen und durch feierliche Eide beschworen, um sie je nach Interessenlage später zu brechen. „Treulosen" Untertanen wurde nach offener Reuebekundung verziehen. Sie wurden sogar in ihre „alten Ämter" eingesetzt, was sie jedoch nicht daran hinderte, erneut Eide zu brechen und Verrat zu begehen. Jeder Einzelne war vor allem darauf bedacht, seine Herrschaft zu festigen und zu mehren. Nur so lassen sich die vielen jähen Wendungen in dem gegenseitigen Verhältnis zwischen den einzelnen Parteien und ihr Verhältnis untereinander erklären, auch wenn bestimmte Entscheidungen aus heutiger Sicht nur schwer nachvollziehbar sind. In diesem widersprüchlichen Geflecht der unterschiedlichen Interessensphären gelang es Lothar von Süpplingenburg für eine kurze Zeitspanne, dass die bestehenden Zwistigkeiten zwischen den Mitgliedern der Adelsopposition, die latent stärker oder schwächer immer wieder ausbrachen, dem Kampf gegen Heinrich V. untergeordnet wurden.

Die Ursachen für die Schlacht am Welfesholz sind vielschichtiger Natur. Sie verquicken auf eine eigentümliche Art und Weise sowohl die gesamtnationalen Interessen des Reiches als auch die regionalen Belange der Fürsten, sowie deren Verhältnis untereinander, reflektieren aber auch die Befindlichkeiten des lokalen Adels. Die einzelnen historischen Ereignisse dieser Zeit lassen sich mosaikartig zusammenfügen und münden dann in ihrer Gesamtheit in der Schlacht am 11. Februar 1115.

Wenn ein deutscher Kaiser im Mittelalter eine Schlacht verlor, so war dies nichts Ungewöhnliches. Es bedeutete nur in seltenen Fällen, dass er durch die Niederlage seinen dominierenden Einfluss verlustig wurde. Erst die Brechung der Macht des Kaisers Vorort, d. h. die Eroberung und Schleifung der kaiserlichen Burgen in den einzelnen Gebieten des Reiches konnte hier zur Zurückdrängung der Macht des Herrschers führen. Gerade hierin unterscheidet sich die Schlacht am Welfesholz von anderen Schlachten, zielte sie doch auf die Brechung der kaiserlichen Machtzentren ab. Hierdurch errang der Sieg am Welfesholz eine nachhaltige Wirkung. Der siegreiche sächsische Adel und die mit diesem verbündeten Fürsten aus anderen Regionen des Reiches zerstörten die Burgen und Zentren der kaiserlichen Macht, besetzten sie mit eigenen Leuten.

Der Einfluss der Krone auf Sachsen war für Jahrzehnte verloren. Die territorialen Herrscher konnten nicht nur in Sachsen ihre Positionen stärken.

Erst im Jahre 1121 kam es auf dem Hoftag in Würzburg zum Ausgleich zwischen Kaiser Heinrich V. und der fürstlichen Opposition, darunter die sächsischen Edlen.

In der Tendenz war der „Königsweg", wie er in Frankreich oder England beschritten wurde, in Deutschland nun nicht mehr möglich. Der föderale Weg, den Deutschland beschreiten sollte, wurde unter anderem durch die Schlacht am Welfesholz eingeleitet.

Reiterstandbild vor der Gutskapelle

Jodute und Zeter – oder wie sich ein Schlachtruf zum „Heiligen" verwandelte

Es entbrannte 1115 am Welfesholz ein blutiges Schlachtgetümmel. Der Überlieferung nach blieb der Streit lange unentschieden. Die Sachsen gerieten in große Bedrängnis. Da „geschah ein Wunder, denn ein Weidenstamm rief dreimal nach einander Jodute und Zeter und alsbald wandte sich das Glück auf die Seite der Sachsen."

Der Dominikaner Heinrich von Herford (* um 1300; † 9. Oktober 1370) berichtete rund 250 Jahre nach der Schlacht am Welfesholz in seiner Chronik erstmals über eine Bildsäule des Jodute. (S. 141) Nach Heinrich von Herford errichteten die Sachsen nach ihrem Sieg am Welfesholz eine kleine Kapelle. In die Kapelle stellten sie eine Bildsäule eines Kriegers, der mit einheimischen (sächsischen) Waffen und einer Eisenkappe bewehrt war. Die ungebildeten Bauern des Umlandes nannten diese Bildsäule, wie Heinrich von Herford ausführt, den „heiligen Thejoduthe". Durch seinen Ausruf „Thejoduthe" hätten die Sachsen den Sieg über König (Kaiser) Heinrich errungen.

Gutskapelle

Woher stammte der Ruf?

Lange Zeit herrschte die Meinung vor, die Bildsäule am Welfesholz habe dem Klageruf den Namen gegeben. Daher wurde nach einer sprachlichen Ableitung sowie nach einer inhaltlichen Bedeutung des Wortes tejodute n(tiodute, jodute) gesucht. Es herrschte die Meinung vor, dass der Klageruf aus der Schlacht selbst zu erschließen sei. Albert Krantz schrieb in seiner Schrift „Saxonia", dass der Ausruf aus dem Italienischen oder Französischen komme und „Io adiute mi (Oh helft mir)" besage.

Der Mansfelder Chronist Cyriakus Spangenberg bemerkte in seiner Schrift „Ursach und Handelung des Sechsischen Krieges bei dem Welphesholz in der Herrschaft Mansfeld geschehen im Jahr M.C.X.V. den 11. Februarn [...]" hierzu: „Es haben auch die Sachssen zu anzeigung dieses siegs oder ein Tropheum oder sieg zeichen lassen aufrichten [...], den nannten die Landsleute und das Bauervolk Jodute." Spangenberg schreibt weiter, dass es noch eine andere Erklärung für das Bildnis gibt: das „Bildnis des geharnischten mannes alda zum gedechtnis ist aufgerichtet worden der gehaltenen Schlacht und erlangten siegs / also das es solte sein ein Gedeute oder bedeutnis derer ding / so alda bey dem Welphesholz geschehen."

Resümee

Robert Holtzmann fasste die Diskussion der Historiker zusammen und resümierte: „Neue Erklärungen kamen auf, als man erkannte, dass der Jodute- oder Zeterruf nicht aus der Bildsäule von Welfesholz, sondern eher diese aus jenem (Jodute-Ruf – H.L.) zu verstehen sei." Dies heißt,

Jodute, Dietmar Kirsch

die Sachsen gebrauchten ihren alten Hilfe- und Waffenruf „tiodute (‚ziehet aus!')“ als sie Kaiser Heinrich V. mit Krieg überzog. „Wenn also die siegreichen Sachsen zum Andenken an die Schlacht das Standbild eines Kriegers [...] aufgestellt haben, so braucht man sich nicht mehr zu wundern, dass es später zu einem Jodute personifiziert worden ist“ – folgerte Holtzmann.
Am Ende des 19. Jahrhunderts schrieb Hermann Größler, dass die Redensart „Ich will Dich schlagen, Du sollst Jodute rufen.“ noch bis vor kurzem in der Region gebräuchlich war, wie er in seiner Sammlung der Mansfelder Sagen schrieb.

Woher stammt dieses Wort? Was bedeutet es inhaltlich?

Jodute ist ein im Hochdeutschen völlig veraltetes, und nur noch im Niedersächsischen gebräuchliches Wort. Robert Holtzmann hat in seinem viel beachteten Aufsatz hierzu folgendes vermerkt: „Tejodute, tiodute, zedute oder, wie es seit dem Ende des Mittelalters meistens geschrieben wird, jodute ist ein in Niedersachsen Jahrhunderte lang gebräuchlich gewesener Wehe-, Hilfe- und Waffenruf, besonders bekannt in der Rechtssprache als das Zetergeschrei oder Gerüfte, mit dem man den Verbrecher beschrie, um ihn bekannt zu machen und vor Gericht zu führen.“
Der eigentümliche Name der Bildsäule geht wahrscheinlich auf den alten Schlachtruf der Sachsen tiodute – „Zu den Waffen!“ – zurück. Später entstand die Sage, dass die Bildsäule selbst die Sachsen zur Schlacht gerufen haben soll.
Auch in anderen Gegenden des Sachsenlandes wusste man von der Hilfe des heiligen Jodute zu singen und zu sagen, denn im Ländchen Delbrück in Westfalen fing ein Lied mit den Worten an:

„Sankt Jodute war ein heil'ger Mann;
Wie der Feind kam, ging er voran.“

Noch Martin Luther erzählte: „In der Grafschaft Mansfeld, welches mein Vaterland ist, da ist ein Bild, gleichwie ein großer Riese gehauen oder geschnitzt, welches Gedud genannt wird.“

Der Wallfahrtsort Welfesholz

Hartmut Kühne hob in seinem Aufsatz „Der Harz und sein Umland – eine spätmittelalterliche Wallfahrtslandschaft?“ hervor: „Die Marienkapelle am Welfesholz war tatsächlich ein Wallfahrtsort im Sinne jener oben beschriebenen Etablierung einer regionalen Wallfahrtsgeographie, denn er konnte über längere Dauer eine religiöse Mobilität an sich binden, die verschiedenartig im Hinblick auf ihre Motivationen, ihre Formen und auch auf ihre geographische Reichweite war.“ Eine Wallfahrt (lat. peregrinatio religiosa, wallen, in eine bestimmte Richtung ziehen, fahren unterwegs sein) ist eine traditionelle Reise, um ein heiliges Gebot zu erfüllen oder zum Zweck des Besuches einer bestimmten Pilgerstätte mit religiöser Bedeutung. Sie wird auch als Pilgerreise, Pilgerfahrt, Betfahrt und im Islam als Haddsch oder Ziaret bezeichnet.

Wen verehrte man in Welfesholz?

In der großen Schlacht am Welfesholz 1115 wurde auf beiden Seiten viel Blut vergossen. Viele Große des Reiches blieben tot auf dem Schlachtfeld zurück. So Graf Heinrich I. von Rietberg und Vogt von Paderborn, Graf Hoyer von Mansfeld, sein Sohn Siegfried, Konrad von Meringen und auch Graf Wichmann von Seeburg, um einige Namen zu nennen. Cyriakus Spangenberg schrieb hierzu: „Es haben auch die Sachsen zu Anzeigung dieses siegs ein tropheum oder sieg zeichen lassen aufrichten / als nemlich ein geharnischten gewappneten man auff einer seule / der hat in einer hand ein stachelichen streitkolben / und auff beiden seiten das alt Sechsische wapen / nemlich einen springenden weissen hengst im freien feld / den nannten die Landsleute und das Bawervolk Jodute. / Darumb das die Keiserischen in der Schlacht geschrien hetten /. Jo adiute mi / Jo adiute mi / Das ist / Ah oder nu helfet mir / welchs sie von den Walen in Italia / als sie mit dem Keiser darinnen gelegen / gelernet hatten / es zur losung braucheten / und das alber volck meinete es were ein Heilige / der als genandt dismals die Keiserischen verlassen / und den Sachssen beistand gethan hette / und diese wort ist noch bis auff heutigen tag in Sechsischer sprach blieben."

Eusebius Christian Franke schrieb in seiner „Historie der Grafschaft Mansfeld": „Nach dieser blutigen Action haben die Sachsen an diesem Orte, wo die Schlacht geschehen, ein Trophaeum oder Sieges-Zeichen lassen aufrichten, welches ein Gedüte oder Bedeutung des erfochtenen Sieges sein sollte […]". Mit anderen Worten: Zum Gedenken ihres Sieges stellten die Sachsen und ihre Verbündeten auf dem Schlachtfeld eine Bildsäule auf. Diese stellte einen Krieger dar, der mit „heimischen Waffen", d. h. einem mit Stacheln besetzten Streitkolben und einem eisernen Helm, bewehrt war. In der linken Hand trug er einen Schild. Dieser war mit dem „alten" sächsischen Wappen geschmückt, d. h. einem springenden silbernen (weißen) Hengst auf rotem Grund. Die Landleute gingen fleißig zum Beten hin. Auch die Priesterschaft ehrte dieses Standbild als ein heiliges Bild, und nannte es „Signum Adjutorii", des Helfers Dankzeichen. Aus dieser lateinischen Wortbildung wurde durch das einfache Volk St. Jodute gemacht.
Wie Spangenberg berichtete sei hier eine „gottlose Abgötterey … getrieben" worden. König Rudolf von Habsburg, der von 1289 bis 1290 den Reichstag in Erfurt abhielt, ließ diese Statue entfernen. Sie wurde um 1289/1290 in das Kloster Wiederstedt gebracht.

Die St.-Marien-Kapelle

Trotz dieser Maßnahme hörte die volkstümliche Bewegung der Verehrung für den „Heil bringenden" Sieger der Schlacht am Welfesholz nicht auf. An ihrem alten Standort wurde eine Kapelle (Marienkapelle) errichtet, die zum Kloster Gerbstedt gehörte. Die Kapelle entwickelte sich zu einem lokalen Heiligtum und zu einem bedeutenden Wallfahrtsort. Über dem Eingang der Kapelle sollen nach Franke folgende Worte gestanden haben:

„Als ward gezehlt elf hundert Jahr,
Und dreymal fünff, nehmt eben war,
Ein grosse Schlacht und blutges Bad
Am Welfeholz sich zeigen that."

In der Kapelle sollen sich an den Kragsteinen die Bildnisse von Nappian und Neucke, den Begründern des Mansfelder Bergbaus befunden haben, die sich heute im Museum Luther Geburtshaus in Eisleben befinden. Auch einen neuen Bildstock des Jodute errichtete man in der Kapelle. Nach dem Jahre 1350 wurde eine größere Kirche gebaut, um dem Andrang der Pilger gerecht werden zu können. In der „alten" Kapelle bezog der Klausner Quartier.

Erste urkundliche Erwähnung der Kapelle

Im Jahre 1290 wurde die Kapelle erstmals urkundlich erwähnt. In einer Ablassurkunde gewährten 12 italienische Bischöfe Besuchern des Klosters Gerbstedt und seiner Kapelle am Welfesholz an zahlreichen Festtagen einen vierzigtägigen Strafnachlass.
Dieser Strafnachlass war an die Bedingung geknüpft, dass

ein Beitrag an die kirchliche Baukasse getätigt wurde. Eine am Ende des 13. Jahrhunderts übliche Form, um den Neubau bzw. die Erhaltung von Pfarr- oder Klosterkirchen zu finanzieren.

Die älteste Quelle über den Wallfahrtsbetrieb am Welfesholz finden wir in einer Urkunde vom 1. Mai 1512 des Klosters Gerbstedt. Hierin bestätigte die Äbtissin des Klosters Gerbstedt, Margarethe von Königsfeld, die Übergabe von 33 Reliquienpartikeln an Lorenz Jechler, einen Leipziger Bürger und Wohltäter des Klosters. In dieser Urkunde wird auf die „Römische gnad und aplas“ verwiesen, die die Päpste Bonifaz II. (530 - 532) und Innozenz IV. (1243 - 1254) dem Kloster verliehen hatten, nämlich „vergebung der sünden und peyn und schult zu ewigen gezeiten [...] sunderlich auf nativitatis Marie in unser kirchen zu Welbersholz“. Wegen dieses vollständigen Ablasses schickten die Nonnen des Klosters jährlich am 8. September ihren „propst mit unserm hochwirdigsten heyligsten heyligthumb und mit etlichen beichtvettern und commissarien zu vergebung der sünden von peyn und von

Kapelle, Hans-Christoph Rackwitz

schulden zu absolviren als in jubileo" in die Kirche am Welfesholz.
Wie Hartmut Kühne in seinem eingangs erwähnten Aufsatz herausarbeitet, ist diese Angabe über die Verleihung eines päpstlichen Plenarablasses in der Mitte des 13. Jahrhunderts in der Urkunde zu früh angesetzt. Erst seit dem Ende des 14. Jahrhunderts ist das Versprechen eines „großen Ablasses" oder einer „römischen Gnade" ein konstitutives Element des regionalisierten Wallfahrtswesens geworden.

Jahrmarkt

Auch ein Jahrmarkt entstand hier. Seit dem Mittelalter war solch ein Jahrmarkt ein mehrtägiger Markt, welcher in einer Stadt, in einem Ort oder in einem Kloster ursprünglich nur ein Mal jährlich statt fand. Jahrmärkte werden oft an einem kirchlichen Feiertag oder dem Festtag eines vor Ort stark verehrten Heiligen gehalten, so wie beispielsweise Oster-, Pfingst- oder Weihnachtsmärkte bzw. das Annafest. Vereinzelt gibt es auch noch saison- oder produktbedingte Jahrmärkte, so wie beispielsweise Holz-, Pferde-, Ochsen- oder Weinmärkte.
Wer dem Kloster Gerbstedt das Recht zur Durchführung eines Jahrmarktes in Welfesholz verliehen hat, ist heute nicht eindeutig zu bestimmen. Ein Jahrmarkt wurde hier wohl erstmalig am 21. Oktober 1327, dem Sankt Ursula Tag, abgehalten. Nach einer Urkunde aus dem Jahre 1512 wurde der Jahrmarkt am 8. September (nativatis Marie) durchgeführt. Nach der Einführung der Reformation hörten die Wallfahrten auf. Im Jahre 1535 wurde hier die letzte Messe gehalten.

Das Ende des Heiligen Jodute

Dem Bildstock wurden heilende Kräfte nachgesagt. Er wurde als ein Patron gegen Zahnweh verehrt. Die Gläubigen hofften, dass ein Stück des Jodute sie von Zahnschmerzen befreien würde. So kam es, dass von den Wallfahrern häufig kleine Späne aus dem Stock geschnitten wurden. Der Weidenstamm verlor so von Jahr zu Jahr von seiner „Körperfülle", bis nur noch ein ungestalteter Rumpf übrig blieb.
1570 muss der Bildstock bereits derart verstümmelt gewesen sein, dass er entfernt wurde. Hermann Größler berichtet Folgendes über das Ende des Jodute: „Jener weidene Stock aber ist endlich von Ackerknechten, welche unweit der Kapelle gepflügt und daselbst mittags gefüttert, verbrannt worden." Der Bildstock wurde nicht wieder erneuert, d. h. um das Jahr 1570 hatte Jodute aufgehört zu existieren. Die Kapelle wurde im 16. Jahrhundert Teil des späteren Rittergutes. Der guten Ordnung halber sei noch auf zwei weitere Zeugnisse verwiesen, die mit der Schlacht am Welfesholz in Verbindung gebracht werden und um die sich Sagen ranken.

Der Hoyerstein

Um die Schlacht am Welfesholz rankt sich eine weitere Sage, die Sage vom Hoyerstein. Diese Legende stammt al-

Hoyer-Stein

lerdings erst aus dem 17. Jahrhundert. Der Überlieferung nach soll Hoyer von Mansfeld in einen großen Feldstein hinein gegriffen haben, als ob es sich um einen „Weizenteig“ handle. Hierbei soll er die die Worte gesprochen haben:

„Ich, Graf Hoyer ungeboren,
habe noch nie eine Schlacht verloren.
So wahr ich greif' in diesen Stein,
auch diese Schlacht muss meine sein'!“

Mit dem Wort „ungeboren“ spielte Hoyer auf seine „Unbesiegbarkeit“ an, da er „zum Lebenslauf aus dem Leibe“ seiner Mutter geschnitten worden war. Der Nagelstein befand sich ursprünglich drei Kilometer vom Welfesholz und ca. vier Kilometer vom Lerchenberg entfernt. Am 12. März 1898 wurde der „Löchrige Stein“ 102 Meter in nördlicher Richtung versetzt, wo er heute noch steht, etwa zwei Kilometer südwestlich von Gerbstedt. Man erreicht ihn über den ersten Fußweg, der südlich der Hettstedter Eisenbahn von Osten nach Westen führt.

Das Steinkreuz

Wenn wir aus nördlicher Richtung nach Welfesholz kommen, so finden wir unmittelbar am Ortseingang ein gut erhaltenes Steinkreuz von beachtlicher Größe. Auf der Rückseite ist ein großes Rad mit zehn Speichen eingemeißelt. Der Zweck und die Bedeutung des Steinkreuzes sind heute nicht mehr bekannt. So gibt es mehrere Deutungen, wobei das Spektrum der Erklärungen vom Grenzstein des Erzbistums Mainz bis zum Sühnekreuz reicht.

In der Heldenliteratur

Die Nachhaltigkeit der Ereignisse von 1115 spiegelt sich auch im Bereich der Heldendichtung wider. Der Minnesänger Wirnt von Grafenberg hat in seinem „Wigalois“, einem Artusroman des hohen Mittelalters (1210/1220), rund 100 Jahre nach der Schlacht am Welfesholz, auf die Ereignisse von 1115 zurückgegriffen.
Seit Beneckes Wigalois-Ausgabe des Jahres 1819 (Vers 2861) ist sich die Forschung einig, dass der der „Rote Ritter“, der „sächsische Graf Hojer II. von Mansfeld“ ist. Dieser war der Feldherr Kaiser Heinrich V. und wurde am 11. Februar 1115 in der Schlacht am Welfesholz erschlagen“.

„Der Herr war reich;
an Kühnheit kam ihm
nirgendwo in der (Ritter)Schar jemand gleich.
Es hatten von seiner Hand, das ist wahr,
sehr viele ihr Leben verloren.
Er war von Mansfeld geboren
und hieß Graf Hoyer.“

(Vers 2856 - 2862)

Kapellenkreuz

PERSONALIEN

Adalbero III. Bischof von Metz
*(*um 1010; † 13. November 1072).*
Er war ein Sohn des Grafen Friedrich von Luxemburg und der Irmintrud, Tochter des Grafen Heribert von der Wetterau. Friedrich war von 1047 bis 1072 Bischof von Metz. Er war Lehrer des Bruno von Toul, des späteren Papstes Leo IX. Von Heinrich IV. erhielt Adalbero die Grafschaft Saarbrücken zugesprochen.

Adalbero Bischof von Würzburg
(um 1010/15; † 6. Oktober 1090).*
Er war der Sohn des Grafen Arnold II. von Lahmbach-Wels. Seine Mutter war Regilla von Verdun, eine Tochter des Grafen Gottfried. Adalbero von Lambach nahm von 1045 bis 1088 das Amt des Bischofs von Worms ein. Er wurde im Kloster Lambach an der Traun beigesetzt.

Adalbert I. Erzbischof von Bremen und Hamburg
(um 1000; † 16. März 1072).*
Er wurde als 3. Sohn des Pfalzgrafen Friedrich I. von Sachsen aus dem Hause Goseck und der Agnes von Weimar, Tochter des Grafen Wilhelm II., geboren. Adalbert war von 1043 bis 1072 Erzbischof von Bremen und Hamburg. Er war eine der führenden Persönlichkeiten des Reiches und starb in Goslar.

Adalbert I. Erzbischof von Mainz
(Ende 11. Jahrhundert; † 26. Juni 1137).*
Er war ein Sohn des Grafen Siegbert von Saarbrücken. Seine Brüder waren Graf Friedrich von Saarbrücken und Bischof Bruno von Speyer. Heinrich V. machte Adalbert im Jahre 1106 zu seinem Kanzler. Von 1111 bis 1137 war Adalbert Erzbischof von Mainz.

Adalbert II. Bischof von Worms
(1070 – 1107).
Im Jahre 1077 wurde der Gegenbischof Winther eingesetzt.

Adelbert Graf von Askanien-Ballenstedt
(um 1030; † 1076/80).*
Er war der einzige Sohn von Esiko Graf von Ballenstedt und der Mathilde, Tochter des Herzogs Hermann II. von Schwaben. Adelbert gehörte der Fürstenopposition an. Er fiel in einer Fehde Egeno dem Jüngeren von Konradsburg in die Hände und wurde von ihm ermordet. Adelbert ist im Kloster Ballenstedt begraben worden. Seine Söhne waren Siegfried Pfalzgraf bei Rhein und Otto der Reiche.

Adelgot (Adelgoz) Erzbischof von Magdeburg
([?]; † 1119).*
Er war der Sohn von Werner I. der Ältere Graf von Osterburg und Veltheim sowie der Gisela, Schwester des Grafen Wiprecht der Ältere von Groitzsch. Adelgot war von 1107 bis 1119 Erzbischof von Magdeburg.

Adelheid von Stade
(um 1065; † 18. Oktober 1110).*
Sie war die Tochter des Grafen Lothar Udo II. von Stade, Markgraf der Nordmark, und der Oda, Tochter des Grafen Hermann III. von Werl. Sie war in erster Ehe mit dem Grafen Friedrich III. von Goseck vermählt. Nach dessen Ermordung heiratete sie Ludwig der Springer.

Adelheid von Thüringen
(um 1090; † 1146).*
Sie war eine Tochter Ludwig II. der Springer Graf in Thüringen und der Adelheid von Stade. Sie heiratete 1102 Udalrich II. (Ulrich III.) Graf von Weimar-Orlamünde. Sie wurde wegen Untreue verstoßen.

Adelheid von Weimar-Orlamünde
(um 1060; † 28. März 1100).*
Sie war eine Tochter von Otto I. Markgraf von Meißen. Adelheid war in 1. Ehe mit Adelbert II. Graf von Ballenstedt vermählt (1067 – 1080). Dieser Ehe entstammen die Söhne Siegfried Pfalzgraf bei Rhein und Otto der Reiche Graf von Ballenstedt. Nach der Ermordung Adelbert II. († um 1080) heiratete sie Hermann II. Pfalzgraf bei Rhein († 1085).

Nach dessen Tod ging sie eine dritte Ehe mit Heinrich II. von Laach Pfalzgraf bei Rhein ein. Heinrich adoptierte Siegfried, so dass dieser sein Erbe als Pfalzgraf antrat.

Agnes von Poitou Königin und Kaiserin
(um 1025; † 14. Dezember 1077).*
Sie war die Tochter des Herzogs Wilhelm von Aquitanien und Poitou und seiner Gattin Agnes von Burgund. Sie wurde am 21. November 1043 mit Heinrich III. vermählt. Von 1056 bis 1061 war sie die Regentin des deutschen Reiches. Sie starb in Rom.

Anno II. Erzbischof von Köln
(um 1010; 4. Dezember 1075).*
Der Sohn des schwäbischen Adligen Walter von Steusslingen und der Engela besuchte in Bamberg die Klosterschule, wo er auch Domschulmeister war. Nach 1046 wurde er als Hofkaplan an den Hof von Kaiser Heinrich III. berufen. 1054 war Anno Stiftspropst in Goslar und 1056 bestimmte ihn Kaiser Heinrich III. gegen seinen Willen zum Erzbischof von Köln (1056 – 1075). Der Bischof Burchard II. von Halberstadt war sein Neffe. Anno verstarb in Köln und wurde in Kloster Siegburg bei Bonn begraben

Arnstedt (Arnstein) Freiherren
(1107 – 1292).
Die Freiherrschaft Arnstein geht auf das Geschlecht der Herren von Steußlingen zurück. Wie Eike von Repgow im Prolog seines Sachsenspiegels schrieb, waren sie schwäbischer Abstammung. Eine erste schriftliche Erwähnung des Geschlechtes finden wir in einer Tauschurkunde aus dem Jahre 1107. Hier werden Judith von Steußlingen und ihre Söhne Anno, Walther (I.), Wernher, Adalbert und Adalbero von Arnstedt genannt. Ein Walterus de Arnstein (Walther II.) trat in einer Urkunde vom 6. Januar 1135 als Zeuge auf. Mit dem Jahr 1159 kann die Burg als gesichert angesehen werden. Seit etwa 1100 hatten die Arnsteiner die Vogteirechte über das Kloster Walbeck inne. Zu Ende des 13. Jahrhunderts (um 1292) trat Walther IX. von Arnstein dem Deutschen Orden bei. Im Vorfeld dieses Schrittes übergab er Burg und Herrschaft seinem Schwager Otto von Falkenstein. Nach dem Aussterben der Falkensteiner (1334) fiel die Herrschaft an die Grafen von Regenstein. Später ging sie an die Grafen von Mansfeld.

Benno II. Bischof von Osnabrück
(um 1020; † 27. Juli 1088).*
Der in Löhningen im Klettgau in Baden Württemberg geborene Benno war von 1068 bis 1088 Bischof von Osnabrück. Er war ein enger Berater Heinrich IV. und ein berühmter Baumeister. So entstand unter seiner maßgeblichen Leitung in den Jahren 1065 bis 1068 die Große Harzburg. Benno gründete des Kloster Iburg, wo er auch verstarb.

Berengar (Beringer) Graf von Sangerhausen
(1056/57; † vor 25. Juli 1110).*
Er war ein jüngerer Sohn Ludwig I. der Bärtige Graf in Thüringen aus dem Hause der Ludowinger und der Cäcilie, Tochter von Berthold Graf von Sangerhausen. Berengar war ein Bruder Ludwigs des Springers. Er ist in Sangerhausen begraben.

Bertha von Groitzsch Gräfin von Wettin
(um 1090; † 16. Mai 1144).*
Sie war die einzige Tochter aus der Ehe von Wiprecht II. der Ältere von Groitzsch mit dessen 1. Ehefrau Jutta, Tochter von Vratislav König von Böhmen. Bertha war mit Dedo IV. von Wettin verheiratet. Dieser verstieß sie und ihre Tochter Mechtilde. Er versöhnte sich später mit seiner Frau und errichtete zur Sühne das Kloster auf dem Petersberg.

Berthold Herzog von Schwaben
(1060; † 18. Mai 1090).*
Er war der einzige Sohn aus der 1. Ehe des „Gegen-Königs“ Rudolf von Rheinfelden mit Mathilde, einer Tochter Kaiser Heinrich III. Berthold war von 1077 bis 1090 Herzog von Schwaben. Er wurde im Kloster St. Blasigen begraben.

Berthold I. der Bärtige Herzog von Kärnten
(um 1000; † 5. November 1078).*
Er war der Sohn des Grafen Berthold III. im Breisgau. Von 1061 bis 1077 war er Herzog von Kärnten. Berthold war Markgraf von Verona. Er ist im Kloster Hirsau begraben.

Borivoi II.
(um 1065; † 02. Februar 1124).*
Er war der Sohn des Herzogs (Königs) Vratislav II. von Böhmen und der Swatana von Polen (2. Ehe). Borivoi stand nach der Ermordung seines Bruders Bretislav II. in ständigem Konflikt mit seinem Cousin Svatopluk.

Bruno von Hakeborn
([?]; † 1144).*
Er war der Sohn des Suithger (Suicher) von Hakeborn und einer unbekannten Edlen aus dem Harzgau. Bruno urkundet zwischen 1100 bis 1144. Sein Erbgut lag im Dorf Hakeborn am Hakewald im Nordschwabengau, südwestlich von Egeln.

Burchard II. Bischof von Halberstadt
(um 1028; † 7. April 1088).*
Burchard II. von Veltheim war von 1059 bis 1088 Bischof von Halberstadt. Als sich im Jahre 1073 die sächsische Aufstandsbewegung formierte, stellte sich Burchard von Halberstadt als ein bedeutender geistlicher Fürst des sächsischen Raums an die Spitze der Verschwörung. Er wurde im Kloster Ilsenburg begraben.

Burchard Bischof von Münster
(1098 – 1118).
Er wurde 1098 von Heinrich IV. zum Bischof von Münster erhoben und gehörte zu dessen engsten Ratgebern. Trat Anfang 1106 auf die Seite Heinrich V. über. Burchard der Rote fand im Jahre 1118 auf einer Gesandtschaftsreise nach Konstantinopel den Tod.

Cristin von Querfurt
(um 1030; † vor 1067).*
Er war ein Sohn Gebhard I. von Querfurt und seiner Gattin Ida von Wettin. Cristin war mit Hedwig Gräfin von Gleiß aus Niederösterreich verheiratet. Er stiftete die Linien der Edlen von Lutisburg und der Grafen von Seeburg.

Dedo II. Graf von Wettin, Markgraf
(um 1010; † 1075).*
Er war ein Sohn des Markgrafen Dietrich I. Seine Brüder waren Friedrich I. Bischof von Münster und Thimo Graf von Wettin. Dedo war seit 1034 Graf auf Burg Eilenburg und ab 1046 Markgraf der Lausitz. Im Jahre 1069 kam es zu bewaffneten Auseinandersetzungen zwischen Heinrich IV. und Dedo. Der König ließ Dedo gefangen nehmen und setzte ihn als Gaugraf des nördlichen Hosgau ab. Dedo gehörte 1073 zur Adelsopposition, in der er gemäßigte Positionen vertrat.

Dedo IV. Graf von Wettin
(um 1090 [?]; † 16. Dezember 1124).*
Er war der älteste Sohn Thimo I. Graf von Wettin-Brehna und der Ida, Tochter von Otto Graf von Northeim. Dedo war mit Bertha von Morungen, einer Tochter von Wiprecht der Ältere von Groitzsch verheiratet. Sie war die Erbin von Burg Groitzsch. Dedo gründete das Kloster auf dem Petersberg bei Halle, das sein Bruder Konrad von Wettin vollendete. Auf der Rückreise aus dem gelobten Land verstarb Dedo.

Diepold II. von Vohburg
(unbekannt; † 7. August 1078).*
Er war der jüngere Sohn des Grafen Diepold I. Markgraf von Cham-Vohburg. Diepold II. war Markgraf auf dem bayrischen Nordgau und von Giengau. Er war mit Liutgart von Zähringen verheiratet. Diepold fiel am 7. August 1078 in der Schlacht bei Mellrichstadt.

Dietmar Graf von Selbold-Gelnhausen
([?]; † 1115).*
Er war ein Sohn des Grafen Diemar von Detwang-Trifels-Niedernberg. Dietmar war mit Adelheid, einer geborenen Gräfin von Seeburg verheiratet. Diese kann sicherlich der 1. Ehe des Grafen Wichmann von Seeburg zugesprochen

werden, als dieser mit Gisela von Schweinfurt vermählt war. Im Jahre 1108 gründete er das Kloster Selbold. Durch seine sächsisch-thüringische Verwandtschaft hatte er Landbesitz in der Region. Er hat an der Schlacht am Welfesholz teilgenommen, wo er schwer verwundet wurde und an den Folgen verstarb.
Nach Hartmann ist Dietmar eine der Stifterfiguren im Westchor des Naumburger Doms. Auf dem Schild lesen wir „DITMARVS COMES OCCISVS", d. h. der getötete Graf.

Dietrich II. Herzog von Ober-Lothringen
([?]; † 23. Januar 1115).*
Er war der älteste Sohn von Gerhard Herzog von Ober-Lothringen und der Hedwig, Tochter des Grafen Albrecht I. von Namur. Dietrich war von 1070 bis 1115 Herzog von Ober-Lothringen, Graf im Elsass-Gau und Vogt von Remiremont.

Dietrich Graf von Ahr
([?]; † 1123).*
Es könnte sich hier um Dietrich Graf von Are handeln, der dem Haus Limburg zu zurechnen ist.

Dietrich Graf von Brehna
(um 1045/50; † 14. Oktober 1089/1115).*
Er war ein Sohn von Gero Graf von Brehna aus dem Hause der Wettiner und der Bertha, Tochter des Grafen Syzzo von Schwarzburg. Dietrich wurde im Naumburger Dom begraben.

Dietrich II. Graf von Katlenburg
([?]; † 21. Januar 1085).*
Er war der einzige Sohn Dietrich I. Graf von Katlenburg und der Bertrada, Tochter des Grafen Dietrich III. von Holland. Er gehörte zu jenen sächsischen Grafen, der mit großer Wahrscheinlichkeit an der Schlacht bei Homburg teilgenommen hat und 1075 auf der Höhe von Spier durch Heinrich IV. gedemütigt wurde.

Dietrich I. Graf von Kleve
(1092 – 1119).

Dietwin Bischof von Lüttich
(1048 – 1075).
Er stammte aus Bayern und war vermutlich mit den Saliern verwandt. Er verstarb am 23. Juni 1075. In der Stadt Huy ließ er die Liebfrauenkirche (Notre-Dame) wieder aufbauen, wo er begraben wurde.

Eberhard Graf von Nellenburg
(um 1035; † 9. Juni 1075).*
Er war der Sohn von Eberhard I. der Selige Graf von Nellenburg und Graf im Zürichgau (* um 1015; † um 1078).

Ekbert I. Graf von Braunschweig
(1025; † 2. Januar 1068).*
Er war der jüngere Sohn des Grafen Liudolf von Braunschweig und der Gertrud, Tochter des Grafen Ekbert, einem Enkel der Kaiserin Gisela. Ekbert war Graf von Braunschweig (1038 – 1068), Markgraf von Meißen (1067 – 1068) sowie Markgraf von Friesland. Er verstarb an einem Fieber.

Ekbert II. Markgraf von Meißen
(um 1059/1061; † 3. Juli 1090).*
Er war der Sohn des Grafen Ekbert I. von Friesland und der Irmgard von Susa. Von seinem Vater übernahm er das Erbe des Brunonischen Besitzes um Braunschweig, die friesischen Grafschaften und die Markgrafschaft Meißen. Er heiratete Oda, Tochter des Markgrafen Ottos von Meißen-Orlamünde. Nach dem Tod ihres Vaters 1067 erbte sie die Markgrafschaft. Die Ehe blieb vermutlich kinderlos. Ekbert starb im Selketal im Harz.

Eberhard Graf von Nellenberg
(um 1035; † 9. Juni 1075)*
Er war der ältere Sohn von Eberhard Graf von Nellenberg und fiel in der Schlacht bei Homburg.

Embriko Bischof von Augsburg
(1063 – 1077).
Er entstammt der Familie von Leiningen. Embriko war ein treuer Anhänger von Heinrich IV.

Engelbert Erzbischof von Trier
(1079 – 1101).
Engelbert (oder Egilbert) von Rothenburg gehörte zu jenen Kreisen des bayerischen Adels, die König Heinrich IV. im Investiturstreit Rückhalt boten und ihm mit starken militärischen Kräften beistanden. Er ist im Dom zu Trier begraben.

Engelbert V. Graf im Chiemgau
Domvogt von Salzburg
([?]; † 7. August 1078).*
Er war der älteste Sohn des Grafen Sighard VI. im Chiemgau aus dessen 2. Ehe mit Judith von Ebersberg.

Erlung Bischof von Würzburg
(1105 – 1121).
Seine Abstammung ist ungeklärt. Er verstarb am 28. Dezember 1121 im Benediktinerkloster Schwarzach.

Ernst Markgraf von Österreich
(1055 – 1075).
Er war mit Adelheid von Wettin (* um 1040; † 26. Januar 1071), Tochter des Markgrafen Dedo II. von der Lausitz aus dem Haus der Wettiner verheiratet. Beide sind in Melk begraben.

Esico von Bornstedt
Die Herren von Bornstedt (Burnstede) stammen von Thimo von Schraplau ab, der ein Nachkomme des Grafen Esiko von Ballenstadt war. Seit 1120 ist ein Esiko I. (Senior) von Bornstedt urkundlich nachweisbar. Im Jahre 1141 gründete er oder sein Sohn Esico II. (Junior) das Zisterzienserkloster Sittichenbach. Zu Ende des 12. Jahrhunderts ist das Geschlecht ausgestorben.

Folkmar
([?]; † 1075).*
Sächsischer Edler, der in der Schlacht bei Homburg 1075 fiel.

Friedrich I. Erzbischof von Bremen
(1104 – 1123).
Seine Herkunft ist unbekannt. Während seiner gesamten 19-jährigen Amtszeit erhielt er nie das Pallium, so dass seine Einsetzung durch Heinrich IV. vermutet wird.

Friedrich I. Erzbischof von Köln
([?]; † 25. Oktober 1131).*
Er war der jüngere Sohn von Berthold I. Graf von Schwarzenburg und der Richardis, Tochter des Markgrafen Engelbert I. von Istrien. Friedrich bekleidete von 1100 bis 1131 das Amt des Erzbischofs von Köln.

Friedrich Herzog von Niederlothringen
(um 1005; † 28. August 1065).*
Er war ein jüngerer Sohn des Grafen Friedrich I. von Moselgau (Luxemburg) und der Irmintrud, Tochter des Grafen Heribert von der Wetterau. Friedrich war von 1046 bis 1065 Herzog von Niederlothringen und der Vogt von Malmedy und Stablo. Er ist in Stablo begraben.

Friedrich I. Herzog von Schwaben
(um 1050; † 21. Juli 1105).*
Er war der Sohn von Friedrich von Büren und der Hildegard, Tochter des Grafen Gerhard III. von Egisheim-Dagsburg. Friedrich wurde 1079 durch Heinrich IV: zum Herzog ernannt.

Friedrich II. der Einäugige Herzog von Schwaben
(1090; † 4.[6. ?] April 1147).*
Er war der Sohn von Friedrich I. Herzog von Schwaben aus dem Geschlecht der Staufer. Seine Mutter war Agnes von Waiblingen, Tochter Kaiser Heinrich IV. Friedrich II. war von 1105 bis 1147 Herzog von Schwaben. Sein jüngerer Bruder Konrad wurde 1138 zum König gewählt. Friedrich II. hatte zwei Söhne. Der ältere Sohn war der spätere

Kaiser Friedrich I. Barbarossa. Sein jüngerer Sohn Konrad war Pfalzgraf bei Rhein.

Friedrich I. (III.) von Sommerschenburg Pfalzgraf von Sachsen
([?]; † 18. Oktober 1120/21).*
Friedrich war Graf im Hassegau, im Nordthüringengau und Derlingau. Ab 1086/88 folgte er seinem Onkel Friedrich II. von Goseck als Pfalzgraf von Sachsen. Er stritt sich mit seinem nachgeborenen Cousin Friedrich III. (IV.) um das Pfalzgrafenamt. Seine Besitzschwerpunkte lagen um Lauchstädt, Allstedt und dem Kyffhäuser.

Friedrich II. von Goseck Pfalzgraf
(vor 1000; † 27. Mai 1088).*
Er war der jüngere Sohn des Pfalzgrafen Friedrich I. von Sachsen aus dem Hause Goseck. Seine Mutter war Agnes, Tochter des Grafen Wilhelm II. von Weimar. Friedrich II. war von 1056 bis 1088 Pfalzgraf von Sachsen. Er ist in Goseck begraben.

Friedrich III. von Goseck, Pfalzgraf von Sachsen, Graf zu Putelendorf
(um 1065, † 05. Februar 1085).*
Er war der einzige Sohn des Pfalzgrafen Friedrich II. von Sachsen und der Hedwig von Bayern. Friedrich heiratete Adelheid, Tochter des Markgrafen Lothar-Udo II. von Stade. Nach seiner Ermordung gebar sie den gleichnamigen Sohn Friedrich IV. (III.).

Friedrich IV. (III.) Graf von Putelendorf
(1085; † 26. Mai 1125).*
Einziger, nachgeborener Sohn des Grafen Friedrich III. von Goseck († 05. Februar 1085) und der Adelheid, Tochter des Markgrafen Lothar Udo II. von Stade. Seine Mutter heiratete in zweiter Ehe Ludwig den Springer von Thüringen. Friedrich IV. stritt sich mit seinem Cousin Friedrich I. (III.) von Sommerschenburg um das Pfalzgrafenamt von Sachsen.

Friedrich von Stade
(† 13. April 1135).
Er war Ministerial der Grafen von Stade. Friedrich stammte von einer schiffbrüchigen Engländerin ab. Ihre Kinder erhielten eine gute Ausbildung. Friedrich wurde 1095 mit der Verwaltung der Grafschaft Stade von Lothar Udo eingesetzt. Er verwaltete de facto als „Unfreier" die Grafschaft. Im Jahre 1128 erhielt er den Status eines „Freien" zugesprochen.

Friedrich I. der Streitbare Graf von Werl-Arnsberg
(um 1075; † 1124).*
Er war Sohn des Graf Konrad II. von Werl-Arnsberg und der Mathilde, Tochter des Grafen Otto von Northeim. Friedrich war von 1092 bis 1124 Graf von Werl-Arnsberg. Er war mit Adelheid von Limburg verheiratet.

Friedrich vom Berge
(11. Jahrhundert).
Sächsischer Adliger, der sich auf der Tagfahrt der Sachsen 1073 über Heinrich IV. beschwerte.

Gebhard Erzbischof von Salzburg
(um 1030; † 15. Juni 1088).*
Er war der Sohn von Chadolt Graf von Helffenstein und der Azala. Gebhard stand von 1060 bis 1088 dem Erzstift von Salzburg vor. Bis zum Jahre 1075 unterstützte er Heinrich IV., ging dann ab 1076 auf die Seite der fürstlichen Opposition über. Er wurde in der von ihm gestifteten Stiftskirche Admont in der Steiermark begraben.

Gebhard Graf von Süpplingenburg
([?]; † 9. Juni 1075).*
Er war der Sohn von Bernhard Graf im Nordthüringen-Gau und der Ida, Tochter Gebhard I. von Querfurt. Gebhard war Graf von Süpplingenburg sowie Graf im Harz- und im Nordthüringen-Gau. Gebhard war mit Hedwig von Formbach vermählt. Kurze Zeit nach seinem Tod in der Schlacht bei Homburg wurde Lothar, der nachmalige Kaiser, geboren.

Gero der Große Markgraf der Sächsischen Ostmark
(um 900; † 20. Mai 965).*
Gero wurde im Jahre 937 der erste und einzige Markgraf der Sächsischen Ostmark, ein Gebiet das sich über die heutigen Bundesländer Sachsen, Brandenburg, den östlichen Teil Thüringens und Sachsen-Anhalt erstreckte. An seiner Ostflanke grenzte die Sächsische Ostmark an das Stammesherzogtum Sachsen an.
Gero wurde wohl um das Jahr 900 als Sohn des Grafen Thietmar aus dem Hause Merseburg geboren. Er unterwarf mit brutaler Gewalt das von Slawen besiedelte Land zwischen Elbe und Oder. Nach dem Tod seiner Söhne Siegfried und Gero gründete er das Damenstift St. Cyriakus in Gernrode. Seine Schwiegertochter Hedwig (Hathui) wurde als erste Äbtissin eingesetzt.

Gertrud von Braunschweig
(um 1060; † 09. Dezember 1117).*
Sie war die einzige Tochter von Eckbert I. Graf von Braunschweig und der Irmingard von Turin. Gertrud war nacheinander mit Dietrich II. Graf von Katlenburg († 1085), Heinrich von Northeim Graf von Friesland († 1101) und dem Wettiner Heinrich der Ältere Graf von Eilenburg († 1103) verheiratet. Die aus der zweiten Ehe stammende Tochter Richenza von Northeim (* 1086/87; † 04. Dezember 1137) wurde die Gemahlin des späteren deutschen Kaisers Lothar III. von Süpplingenburg. Gertrud von Braunschweig trug die Titel Gräfin von Eilenburg, Gräfin von Katlenburg und Gräfin von Northeim.

Gottfried I. der Bärtige Graf von Löwen
(1095; † 25. Januar 1139).*
Er war der jüngere Sohn des Grafen Heinrich II. von Löwen. Von 1106 bis 1139 war er der Herzog von Nieder-Lothringen.

Gottfried IV. der Bucklige
(um 1040; † 27. Februar 1076).*
Er war der Sohn Gottfried III. der Bärtige Herzog von Niederlothringen und der Doda. Von 1069 bis zu seiner Ermordung 1076 war er Herzog von Niederlothringen. Gottfried war mit Mathilde von Tuszien verheiratet. Seit 1071 lebte das Paar getrennt voneinander.

Gottfried Graf von Calw
(1075; † 6. Februar 1131/32).*
Er war der jüngere Sohn von Adalbert Graf von Calw und der Wiltrud, Tochter Gottfried II. Herzog von Lothringen. Gottfried war von 1113 bis 1131 der Pfalzgraf bei Rhein.

Gregor VII. Papst, eigentlich Hildebrand von Soana
(um 1020; † 25. Mai 1085).*
Er war von 1073 bis 1085 Papst. Er setzte sich für eine Kirchenreform ein, in der eine Vorrangstellung der geistlichen über die weltliche Gewalt gefordert wurde. Diese Auseinandersetzung gipfelte im Investiturstreit.

Hartwig Erzbischof von Magdeburg
([?]; † 17. Juni 1102).*
Er war ein jüngerer Sohn Siegfried I. Graf von Spanheim und der Richildis, der Erbtochter Engelbert IV. Graf im Pustertal. Hartwig war Kanonikus in Mainz und Propst in Goslar. Er war der Nachfolger des am 7. August 1078 in der Schlacht bei Mellrichstadt gefallenen Erzbischofs Wernher. Hartwig war von 1079 bis 1102 Erzbischof von Magdeburg. Er verstarb am 17. Juni 1102 in Vatterode, einem Ort in der Nähe der Stadt Mansfeld.

Heinrich III. König und Kaiser
(28. Oktober 1017; † 5. Oktober 1056).*
Er stammt aus der Familie der Salier. Von 1039 bis 1056 war er König und seit 1046 Kaiser des Heiligen Römischen Reiches. Aus seiner zweiten Ehe mit Agnes von Poitou ging sein Sohn Heinrich IV. hervor. Er starb in Bodfeld im Harz und wurde im Dom zu Speyer beigesetzt.

Heinrich IV. König und Kaiser
(11. November 1050; † 7. August 1106).*
Einzig überlebender Sohn König Heinrich III. und seiner Gattin Agnes (2. Ehe), Tochter des Herzogs Wilhelm V. von Aquitanien und Poitou. Der vermutlich in Goslar ge-

borene Heinrich war seit 1056 Deutscher König und ab 1084 Kaiser. Er starb in Lüttich und wurde im Dom zu Speyer beigesetzt.

Heinrich V. König und Kaiser
(11. August 1086; † 23. Mai 1125).*
Er war der Drittgeborene Sohn Heinrich IV. und der Berta von Turin. Am 10. Mai 1098 wurde Heinrich V. in Aachen anstelle seines abgesetzten Bruders Konrad zum König gewählt. Er griff schon in jungen Jahren nach der Macht seines Vaters. Er schloss sich der gegen die Politik seines Vaters gerichteten Adelsopposition an. Heinrich V. gelang es, die Unterstützung von Papst Paschalis II. zu gewinnen. Er zwang seinen Vater zur Abdankung und wurde am 5. Januar 1106 in Mainz von den Fürsten gehuldigt. Kaum war er an der Macht, knüpfte er mit äußerster Härte an die Politik seines Vaters an. Vor allen im sächsisch-thüringischen Raum führte er die „Königslandpolitik" fort. Die neu gewonnen Gebiete wollte er durch neue Burgen bzw. den Ausbau bestehender Reichsburgen sichern und festigen. Hierdurch geriet er wie sein Vater in Kollision mit den territorialen Fürsten. Heinrich V. ließ sich am 13. April 1111 zum Kaiser krönen. Am 7. Januar 1114 heiratete er Mathilde, die Tochter König Heinrich I. von England. Heinrich V. verstarb am 23. Mai 1125 höchstwahrscheinlich an einem Krebsleiden und hinterließ keine Kinder. Mit ihm erlosch das Haus der Salier.

Heinrich I. Erzbischof von Mainz
(um 1080; † 2. September 1153).*
Er wurde auch Felix von Harburg genannt und war von 1142 bis 1153 Erzbischof von Mainz.

Heinrich III. von Kärnten
(um 1050; † 4. Dezember 1122).*
Er war der dritte Sohn Markwarts von Eppenstein und der Liutbirg von Plain. Heinrich war Markgraf von Verona und von Istrien-Friaul sowie dem Krain. Ferner war er Vogt von Aquileia und Mossburg. Von 1090 bis 1122 war er Herzog von Kärnten.

Heinrich I. Graf von Limburg
(um 1060; † 1119).*
Er war der Sohn des Grafen Walram II. von Arlon-Limburg und der Jutta von Luxemburg. Heinrich nahm 1096 am 1. Kreuzzug teil. Von 1081 bis 1118 war er Graf von Limburg und von 1101 bis 1106 Herzog von Niederlothringen. Heinrich setzte von 1108 bis 1111 den Grafen Siegfried von Ballenstedt gefangen.

Heinrich von Groitzsch
(um 1090; † 27. Januar 1135).*
Er war der zweitgeborene Sohn des Grafen Wiprecht II. der Ältere von Groitzsch und der Jutta, Tochter des Königs Vratislav II. von Böhmen. In den Jahren 1110/11 war er mit seinem Bruder Wiprecht III. in kaiserlicher Haft. Heinrich war von 1118 bis 1135 Burggraf von Magdeburg. Er war mit Bertha von Gleisberg verheiratet. Die Ehe blieb kinderlos, so dass das Geschlecht der Groitzscher mit Heinrich ausstarb.

Heinrich Graf von Lechsgemünd
([?]; † 7. August 1078).*
Spätestens seit 1035 als ein gewisser Luitgar von Lechsgemünd urkundlich als Gaugraf erwähnt. Er verwaltete den Sualafeldgau. Auf dem Höhepunkt ihrer Macht waren die Grafen im 11. und 12. Jahrhundert, als sie auch über Besitzungen im Alpenraum verfügten.

Heinrich II. von Laach
(um 1050; † 23. Oktober 1095).*
Er stammt aus dem Hause Gleiberg-Luxemburg und war von 1085 (spätestens von 1087) bis zu seinem Tode erster Pfalzgraf bei Rhein. Er war mit Adelheid von Weimar-Orlamünde (* um 1055, † 28. März 1100) verheiratet. Adelheid war in erster Ehe mit Adalbert von Ballenstedt verheiratet gewesen. Heinrich adoptierte ihren Sohn Siegfried von Ballenstedt. Nach dem Tod Heinrichs im Jahre 1099 wurde Siegfried sein Nachfolger als Pfalzgraf bei Rhein.

Heinrich Graf von Nellenberg
(um 1040; † 9. Juni 1075).*
Er war der jüngere Sohn von Eberhard Graf von Nellenberg und fiel in der Schlacht bei Homburg.

Heinrich I. Graf von Rietberg
(um 1075; † 11. Februar 1115).*
Er war der Sohn des Grafen Konrad II. von Werl-Arnsberg und der Mathilde, Tochter des Grafen Otto von Northeim. Heinrich war Graf von Rietberg und Vogt von Paderborn. Er fiel in der Schlacht am Welfesholz 1115.

Heinrich II. Graf von Stade
(um 1102; † 04. Dezember 1128).*
Er war der einzige Sohn von Lothar Udo III. Graf von Stade und der Irmgard, Tochter des Grafen Dietrich von Plötzkau. Er heiratete Adelheid, die Tochter des Grafen Otto der Reiche von Ballenstedt. Von 1106 (1114) bis 1128 war er Markgraf der Nordmark.

Heinrich I. Graf von Zütphen
(um 1080; † um 1122 [vor 1127]).*
Er war der Sohn von Otto II. der Reiche Graf von Zütphen und der Judith, Tochter des Grafen Gebhard von Süpplingenburg.

Helferich Graf von Plötzkau
(um 1075; † 1118).*
Er war der Sohn Dietrich Graf von Plötzkau und der Mathilde von Walbeck, Tochter des Burggrafen Konrad von Magdeburg. Helferich war mit Adele von Northeim, einer Tochter des Grafen Kuno von Beichlingen verheiratet.

Hermann von Luxemburg, Graf von Salm
(um 1040; † 28. September 1088).*
Er war der Sohn des Grafen Giselbert von Luxemburg. Hermann war mit Sophia, einer Tochter des Grafen Meginhard V. von Formbach verheiratet. Von 1081 bis 1088 war Hermann Gegenkönig von Heinrich IV. Er verstarb auf der Reichsburg Cochem.

Hermann II. Pfalzgraf bei Rhein
(um 1049; † 1085).*
Er war der einzige Sohn des Pfalzgrafen Heinrich I. der Rasende von Lotringen und der Mathilde, Tochter von Herzog Gotzelo II. von Lothringen. Hermann war zunächst Graf im Ruhr- und Zülpichgau. Im Jahre 1061 wurde er als Pfalzgraf eingesetzt.

Hermann II. Markgraf von Baden
(um 1074; † 7. Oktober 1130).*
Er war ein Sohn des Hermann I. von Verona und dessen Ehefrau Judith. Hermann ließ auf den Grundmauern eines keltischen Ringwalls die Burg Hohenbaden (Altes Schloss) im heutigen Baden-Baden errichten. Er führte ab 1087 den Titel eines Grafen im Breisgau, um 1100 den Titel eines Markgrafen von Limburg und ab 1112 den eines Markgrafen von Baden.

Hermann Billung Graf in Sachsen
(um 1025; † 25. Mai 1086).*
Er war der jüngere Sohn Bernhard II. Herzog von Sachsen und der Eilika, Tochter des Markgrafen Heinrich von Schweinfurt.

Hermann Graf von Gleiberg
(um 1015; † nach 1075).*
Er war ein loyaler Gefolgsmann Heinrich IV. aus Hessen, der aktiv am Kampf gegen die sächsischen Rebellen teilnahm.

Hermann II. von Kalvelage
(um 1075/80; † um 1144).*
Er war der einzige Sohn des Grafen Hermann I. von Kalvelage und der Ethelinde, Tochter des Grafen Otto von Northeim. Hermann war Graf von Ravensberg.

Hermann Graf in Thüringen
(1089; † 13. Juli 1114).*
Er war der älteste Sohn von Ludwig II. der Springer Graf in Thüringen und der Adelheid, Tochter des Grafen Lothar Udo II. von Stade. Er wurde im Jahre 1112 inhaftiert und starb in kaiserlicher Geiselhaft auf Burg Hammerstein.

Hermann I. von Winzenburg
(um 1050; † 1122).*
Er nannte sich nach seiner Burg Winzenburg südöstlich Alfelds, die er von seinem Bruder Udo Bischof von Hildesheim als Lehen erhalten hatte. Hermann war Graf von Reinhausen-Winzenburg (1109 – 1122), Graf von Radelberg, Vogt von Formbach und dem Stift Göttweig sowie Hochvogt des Klosters Corvey. Hermann zählte zu den Ratgebern Heinrich V. und wurde 1112 Landgraf von Thüringen. Unter den sächsischen Dynasten hatte er eine besondere Machtstellung inne.

Herrand Bischof von Halberstadt,
Abt des Klosters Ilsenburg
(* um 1055; † 24. Oktober 1102).
Er stammte aus Schwaben und war ein Neffe des Bischofs Burchard II. von Halberstadt. Herrand war Abt von Ilsenburg und von 1088 bis 1102 Bischof von Halberstadt. Er verstarb 1102 und ist im Kloster Reinhardsbrunn begraben.

Hezilo Bischof von Hildesheim
(um 1020/25; † 5. August 1079).*
Er war von 1054 bis 1079 Bischof von Hildesheim. Seit 1075 gehörte er zum königstreuen Lager. Hezilo ist in der Mauritiuskirche von Hildesheim begraben.

Hoyer I. von Mansfeld
(um 1050; † Ende 11. Jahrhundert).*
Er wird 1069 als Gaugraf im nördlichen Hassegau erwähnt. Er heiratete Christina, eine Tochter des Pfalzgrafen Siegfried von Sachsen.

Hoyer II. Graf von Mansfeld
([?]; † 11. Februar 1115).*
Er war der Sohn von Hoyer I., dem Gaugrafen im nördlichen Hosgau. Hoyer erhielt von Heinrich V. die Burgen Morungen, Leisnig und vermutlich auch die Burg Teuchern zum Lehen. Er wurde urkundlich in den Jahren 1112 bis 1115 erwähnt. Verheiratet war er mit Elisabeth von Stolberg, mit der er drei Kinder hatte: Siegfried († 1115), Hoyer III. (urkundlich erwähnt zwischen 1118 und 1155) und eine namentlich nicht bekannte Tochter, die der Graf Burchard II. von Falkenstein ehelichte.

Kunigunde Gräfin von Groitzsch
(1090/95; † 08. Juni 1140).*
Sie war die jüngste von insgesamt vier Töchtern des Grafen Kuno von Beichlingen aus dem Hause der Grafen von Northeim und der Kunigunde von Weimar-Orlamünde, Tochter des Markgrafen Otto I. von Meißen. Die Schwester des Markgrafen Otto I. war Adelheid von Weimar-Orlamünde. Sie heiratete im Jahre 1110 Wiprecht III. der Jüngere von Groitzsch.

Liemar Erzbischof von Hamburg–Bremen
(1072 – 1101).
Er gehörte zu den verlässlichen Stützen Heinrich IV. und begleitete den König 1076/77 nach Canossa, wo er zusammen mit Heinrich IV. die Absolution empfing. Er ist im Bremer Dom begraben.

Lothar III. von Süpplingenburg
(Anfang Juni 1075; † 04. Dezember 1137).*
Er war der einzige Sohn des Grafen Gebhard von Süpplingenburg. Der gleichnamige Ort liegt westlich von Helmstedt. Lothar wurde Anfang Juni 1075 geboren. Am 9. Juni 1075 fiel sein Vater in der Schlacht bei Homburg an der Unstrut. Seine Mutter Hedwig (* um 1150; † vor 1100) war eine Tochter des Grafen Friedrich I. von Formbach († 1059) und der Gertrud von Haldensleben († 1116). Sein Großvater Bernhard von Süpplingenburg war mit Ida von Querfurt vermählt. Lothar war von 1106 bis 1037 Herzog von Sachsen, seit dem 24. August 1125 Kö-

nig und seit dem 4. Mai 1133 Kaiser. Lothar ehelichte im Jahre 1100 Richenza (* um 1086/87; † 10. Juni 1141), eine Tochter des Grafen Heinrich des Fetten von Northeim. Ihre gemeinsame Tochter Gertrud (* 8. April 1115; † 20. April 1143) heiratete am 29. Mai 1127 Herzog Heinrich den Stolzen von Bayern. Ihr erstgeborener Sohn war Heinrich der Löwe.
Auf dem Rückweg von seinem Italienzug starb Lothar in den frühen Morgenstunden des 4. Dezembers 1137 in dem kleinen Dorf Breitenwang bei Reutte in Tirol. Sein Leichnam wurde nach Königslutter überführt und hier am 31. Dezember 1137 beigesetzt.

Lothar Udo III. Graf von Stade
(um 1060; † 02. Juni 1106).*
Er war der zweitgeborene Sohn des Grafen Lothar Udo II. von Stade und der Oda (* um 1050; † 13. Januar 1110), Tochter des Grafen Hermann III. von Werl. Nach dem Tod seines Bruders Heinrich († 27. Juni 1087), der ohne Nachkommenschaft starb, trat er das väterliche Erbe an. Er war von 1087 bis 1106 der Markgraf der Nordmark. Um das Jahr 1095 ehelichte er Irmgard, die Tochter des Grafen Dietrich von Plötzkau, Erbin von Walbeck. Ab 1090 verlor Lothar die alten Komitate von Stade an den Ministerialen Friedrich. Lothar Udo wurde während der Verhandlungen, die zwischen Friedrich Erzbischof von Bremen und Magnus Herzog von Sachsen im Jahre 1106 geführt wurden, vergiftet.

Ludwig II. der Springer Graf in Thüringen
(1042; † 1123).*
Er war der älteste Sohn von Ludwig I. der Bärtige Graf in Thüringen und der Cäcilie von Sangerhausen. Im Jahre 1088 heiratete er Adelheid von Stade, die Tochter des Grafen Lothar Udo II. von Stade. Sie war die Witwe Friedrich III. von Goseck Pfalzgraf von Sachsen. Ludwig gründete die Stadt Eisenach und baute um 1067 die (erste) Wartburg zur Sicherung seines Besitzes. Vor 1100 errichtete er die Neuenburg oberhalb der späteren Stadt Feyburg. Neben seiner Burg Schauenburg stiftete er im Jahre 1085 das Kloster Reinhardsbrunn und besetzte es mit Mönchen aus Hirsau unter Abt Giselher. Sein Sohn Hermann starb in kaiserlicher Haft. Seine Tochter Adelheid war mit Udalrich II. Graf von Weimar-Orlamünde verheiratet.

Ludwig I. Landgraf von Thüringen
(1090; † 12. Januar 1140).*
Er war der zweite Sohn des Grafen Ludwig der Springer und dessen Gemahlin Adelheid von Stade. Ludwig wurde 1131 von Kaiser Lothar III. zum Landgrafen über Thüringen erhoben. Er ist im Kloster Reinhardsbrunn begraben.

Magnus Herzog von Sachsen
(1043/47; † 23. August 1106).*
Er war der älteste Sohn von Ordulf Herzog von Sachen und der Wulfhilde, Tochter Olaf II. König von Norwegen. Magnus war von 1071 bis 1106 Herzog von Sachsen. Er ist in St. Michael in Lüneburg begraben. Mit ihm starben die Billunger aus.

Mathilde von England
(7. Februar 1102; † 10. September 1167).*
Sie war die einzige eheliche Tochter des Königs Heinrich I. von England. Nach dem Tod Heinrich V. kehrte sie als kinderlose Witwe 1125/26 in die Normandie und danach nach England zurück. In zweiter Ehe war sie mit dem Grafen Gottfried von Anjou vermählt. Ihre Kinder in dieser Ehe waren Heinrich, Gottfried und Wilhelm. Mathilde war Deutsche Königin, Römische Kaiserin und von 1141 bis 1148 Königin von England.

Otto Bischof von Bamberg
(um 1060; † 30. Juni 1139).*
Er war von 1102 bis 1139 Bischof von Bamberg und wurde als „Apostel der Pommern“ bekannt. Im Jahre 1189 wurde Otto „Heilig“ gesprochen.

Otto Bischof von Regensburg
(1061 – 1089).
Otto von Riedenburg war der jüngere Sohn des Burggrafen Ruprecht von Regensburg. Er ist in St. Emmeram in Regensburg begraben.

Otto der Reiche Graf von Ballenstedt
(um 1070/73; † 09. Februar 1123).*
Er war der älteste Sohn des Grafen Albrecht II. von Ballenstadt (* um 1030; † um 1080) und der Adelheid von Orlamünde († um 1100), einer Tochter des Markgrafen Otto I. von Meißen. Otto war der ältere Bruder des Siegfried von Ballenstedt, Pfalzgraf bei Rhein. Otto erwarb die Titel Graf von Ballenstedt und Graf von Anhalt. Im Jahre 1112 war er zeitweilig Herzog von Sachsen. Im Jahre 1095 heiratete er Eilika (* um 1081; † 16. Januar 1142), die Tochter des Herzogs Magnus von Sachsen und der Sophia, Tochter König Bela I. von Ungarn. Ihre Kinder waren Albrecht I. der Bär (* 1100; † 18. November 1170) und die Tochter Adelheid († 1139).

Otto Graf von Northeim
(um 1020; † 11. Januar 1083).*
Er entstammt der Familie der Grafen von Northeim. Als Otto II. war er von 1061 bis 1070 Herzog von Bayern. Er war der militärische Anführer der aufständischen Sachsen im Krieg gegen Heinrich.

Otto II. der Jüngere Graf von Northeim
([?]; † 1116).*
Er war der jüngste Sohn des Grafen Otto von Northeim und der Richenza.

Otto Graf von Salm-Rhieneck
(um 1080; † 1150).*
Er war der Sohn des Gegenkönigs Hermann von Salm und Sophia von Formbach. Otto war Graf von Rhieneck und von 1125 bis 1137 Pfalzgraf bei Rhein. Otto heiratete um 1115 Gertrud von Northeim, die Witwe des Pfalzgrafen Siegfried.

Poppo Graf von Henneberg
(1037; † 7. August 1078).*
Er war der Sohn Otto III. Graf im Grabfeld. Er fiel in der Schlacht bei Melrichstadt.

Rapoto IV. Graf von Cham
(1059 – 1080).
Er war der ältere Sohn des Grafen Diepold I. im Augstgau. Rapoto war der Vogt von St. Emmeram. Er fiel am 15. Oktober 1080 bei Hohenmölsen.

Reinhard Bischof von Halberstadt
([?] ; † 02. März 1123).*
Seine Herkunft lässt sich nicht exakt bestimmen. Er soll mit den Grafen von Blankenburg verwandt gewesen sein. Vermutlich war Reinhard in Sachsen „stammesfremd“ und stammte aus einer ostfränkischen Familie. Sein Neffe Poppo, der spätere Graf von Blankenburg, wurde durch Zuwendungen von ihm „gefördert“. Reinhard war von 1106 bis 1123 Bischof von Halberstadt und der geistliche Führer der Fürstenopposition.

Rüdiger Bischof von Speyer
(1073 – 1090).

Rüdiger (Ruodger, Reger) I. Graf von Bielstein
([?]; † vor 1095).*
Er übte Grafenrechte in Martinfeld (bei Heiligenstadt) im Gau Görmarmark aus.

Rudolf Graf von Rheinfelden
(um 1025/30; † 16. Oktober 1080).*
Er war von 1057 bis 1077 Herzog von Schwaben und von 1077 bis zu seinem Tod Deutscher Gegen-König. Er wurde im Dom zu Merseburg begraben. In erster Ehe war er mit Mathilde, Tochter Kaiser Heinrich III. verheiratet (1059 – 1060). Seit 1062 war er in zweiter Ehe mit Adelheid von Turin († 1079) vermählt.

Rudolf I. Graf von Stade
(um 1070/75, † 07. Dezember 1124).*
Er war der 4. Sohn von Lothar Udo II. Graf von Stade, Markgraf der Nordmark, und der Oda. Nach dem Tod seines Bruders Lothar Udo III. war er von 1106 bis 1114 Markgraf (Regent) für dessen vierjährigen Sohn Heinrich.

Rupert Bischof von Bamberg
(1075 – 1102).

Siegfried I. Erzbischof von Mainz
([?]; † 16. Februar 1084).*
Von 1058 bis 1060 war er Abt des Klosters Fulda und von 1060 bis 1084 Erzbischof von Mainz. Im Investiturstreit stand er zunächst auf der königlichen Seite. Am 26. März 1077 krönte er Rudolf von Rheinfelden in Mainz zum König. Später krönte er auch Hermann von Salm in Goslar (1081).

Siegfried I. Graf von Ballenstedt
(um 1075, † 09. März 1113).*
Er war der jüngere Sohn des Grafen Albrecht II. von Ballenstadt und der Adelheid von Orlamünde. Seine Mutter heiratete in 3. Ehe Heinrich Pfalzgrafen von Laach († 1095). Dieser adoptierte ihre Söhne aus der 1. Ehe mit Albrecht II. von Ballenstedt. Nach dem Tod des Adoptivvaters wurde Siegfried Pfalzgraf bei Rhein (1099 – 1113). Sein Bruder Otto erhielt das väterliche Erbe Ballenstadt zugesprochen. Siegfried heiratete 1107 Gertrud von Northeim (* um 1090; † 1165). Er erlag am 9. März 1113 seinen Verwundungen, die ihm die Truppen Hoyer von Mansfeld bei Warnstedt zugefügt hatten.

Siegfried Edler von Mansfeld
([?]; † 11. Februar 1115).*
Er war der älteste Sohn Hoyer II. von Mansfeld und der Elisabeth von Stolberg.

Sigena von Leinungen
(um 1035; † 24. Februar 1110).*
Sie war die Tochter des Grafen Goswin von Leinungen, Gräfin im Gau Balcsam, Äbtissin des Klosters Vitzenburg, in dem sie auch verstarb. Sigena war mit Wiprecht I. verheiratet. Dieser Ehe entsprangen mehrere Kinder. Die Söhne Otto gingen nach Byzanz bzw. Hermann nach Russland. Eine Tochter heiratete Heinrich von Leinungen. Eine zweite Tochter ehelichte Werner der Ältere von Veltheim. Aus dieser Verbindung ging der Erzbischof Adelgot von Magdeburg hervor. Nach dem frühen Tod ihres Gatten Wiprecht I. übergab sie ihren Sohn, Wiprecht II. der Ältere, den Markgrafen der sächsischen Nordmark, Udo II. von Stade, zur Erziehung und Ausbildung.

Sigewin Erzbischof von Köln
(1079 – 1089).
Er gehörte zur engeren Umgebung des Erzbischofs Anno II. und war vor seiner Wahl Domdekan in Köln.

Suithger (Suicher) von Hakeborn
([?]; † 21. September 1118).*
Er war wohl der Stifter des Geschlechts der Edelherren von Hakeborn. Suithger war mit einer unbekannten Edelfrau aus dem Harzgau vermählt. Urkundlich ist er von 1080 bis 1114 nachweisbar. Sein Erbgut lag im Dorf Hakeborn am Hakewald im Nordschwabengau, südwestlich von Egeln.

Swidger
(† 1075).
Sächsischer Edler, der in der Schlacht bei Homburg 1075 fällt.

Syzzo Graf von Schwarzburg
(Mitte 11. Jahrhundert; † 1123 [?]).*
Er gehörte zur Familie der Grafen von Schwarzburg. Diese waren eines der mächtigsten Geschlechter in Thüringen. Syzzo gehörte zu den geschlagenen Thüringern und Sachsen, die von Heinrich IV. nach der Schlacht bei Homburg auf der Ebene von Spier im Jahre 1075 gedemütigt wurden. Nach Hartmann stellt das „Standbild des Grafen Syzzo" im Westchor des Naumburger Doms den Grafen Syzzo von Schwarzburg dar.

Udalrich (Ulrich I.) Bischof von Konstanz
([?]; † 27. August 1127).*
Er war ein jüngerer Sohn des Grafen Hartmann I. von Kyburg-Dillingen und der Adelheid, Tochter des Grafen

Adelbert von Winterthur. Ulrich I. stiftete im Jahre 1125 das Augustiner Chorherrenstift St. Ulrich und Afra in Kreuzlingen. Er bekleidete das Bischofsamt von 1110 bis 1127.

Udalrich II. (Ulrich III.) Graf von Weimar-Orlamünde
(1064; † 13. Mai 1112).*
Er war der älteste Sohn von Ulrich I. Grafen von Weimar-Istrien und der Sophia, Tochter des Königs Bela I. von Ungarn. Er muss um die Jahrhundertwende von Istrien, wo er zeitweilig Markgraf war, nach Weimar zurückgekommen sein. Um das Jahr 1102 heiratete er die 12-jährige Adelheid, eine Tochter Ludwig des Springers.

Udo II. Graf von Stade Markgraf der Nordmark
(um 1020/30; † 1082).*
Er war vermutlich der einzige Sohn des Grafen Lothar Udo I. von Stade, Markgraf der Nordmark aus dem Hause der Udonen und der Adelheid von Rheinfelden. Er war seit 1057 Markgraf der Nordmark und zählte 1073 zum aufständischen Adel.

Vladislav I. Herzog von Böhmen
(um 1065; † 12. April 1125).*
Zweitjüngster Sohn des Vratislav II. König von Böhmen aus seiner 2. Ehe mit der Swatana von Polen, Tochter von Herzog Kasimir I. Sein Stiefbruder war Boriwoi II. Vladislav war mit Richinza von Berg-Schelklingen, Tochter des Grafen Heinrich verheiratet.

Vratislav II. Herzog von Böhmen
(um 1035; † 14. Januar 1092).*
Er war von 1061 bis 1085 Herzog Böhmen und von 1085 bis zu seinem Tode 1092 König von Böhmen. In 1. Ehe war er mit Adelheid, Tochter des Königs Andreas I. von Ungarn verheiratet. In 2. Ehe war er mit Swatawa von Polen, Tochter des Herzogs Kasimir I. verbunden. Dieser Ehe entsprangen unter anderen der Sohn Boriwoi II. und die Tochter Judith, Erbin des Gebiets um Dresden. Zwischen 1076 und 1081 war er Markgraf der Lausitz.

Viktor II.
(1022; † 28. Juli 1057).*
Er war als Gebhard I. Bischof von Eichstätt (1042 bis 1057) und als fünfter Deutscher in den Jahren von 1055 bis 1057 Papst. Er starb in Arezzo.

Welf I. (IV.) Herzog von Bayern
(1030/40; †9. November 1101).*
Er war der einzige Sohn aus der 1. Ehe des Markgrafen Albert Azzo II. von Este aus dem Hause der Otbertiner und seiner Frau Kunigunde von Altdorf. Seine Mutter war eine Tochter des Grafen Welf II. Er war von 1070 bis 1077 sowie von 1096 bis 1101 Herzog von Bayern. Welf war in erster Ehe mit Ethelinde von Northeim verheiratet, Tochter von Otto II. von Northeim. Nach der Ächtung ihres Vaters im Jahre 1070 trennte er sich von seiner Frau. In zweiter Ehe heiratete er im Jahre 1071 Judith von Flandern († 5. März 1094). Dieser Ehe entsprangen die Söhne Welf V. und Heinrich IX. der Schwarze sowie die Tochter Kunizza. Welf nahm am Kreuzzug von 1101 teil. Er starb auf der Rückfahrt von Jerusalem in Paphos auf Zypern.

Welf II. (V.) der Dicke Herzog von Bayern
(1072; † 24. September 1120).*
Er war der älteste Sohn Welf I. aus dessen 3. Ehe mit Judith von Flandern, Tochter des Grafen Balduin IV. Welf II. war von 1101 bis 1120 Herzog von Bayern.

Werner Erzbischof von Magdeburg
(um 1010/15; † 7. August 1078).*
Er war ein Sohn des Edlen Walter von Steusslingen und der Engela. Sein Bruder war Anno II. Erzbischof von Köln. Von 1063 bis 1078 war Werner der Erzbischof von Magdeburg.

Werner Bischof von Merseburg
(1059 – 1093).
Werner von Wolkenburg wurde von der Kaiserin Agnes (1043 – 1077) zum Nachfolger des Bischof Winither in Merseburg bestellt. Er verstarb am 12. Januar 1093.

Wichmann I. Graf von Seeburg
(vor 1067; † 11. Februar 1115).*
Er war der Sohn des Cristin von Querfurt und der Hedwig von Gleiß in Niederösterreich. Er war in 1. Ehe mit Gisla, der Tochter des Markgrafen Otto von Schweinfurt verheiratet. Diese Ehe muss kinderlos geblieben sein. In seiner 2. Ehe war er mit Berta von Wettin-Camburg, einer Tochter des Grafen Wilhelm vermählt. In dieser Ehe wurden nachweislich zwei Töchter, Hedwig III. (Äbtissin von Gernrode) und Geva, sowie der Sohn Gero, Graf von Seeburg und Gleiß geboren. Wichmann wurde von Heinrich V. mit der Neuenburg belehnt, die bald nach dem neuen Herrn in „Beyernaumburg" umbenannt wurde. Dies rührte daher, da Wichmann den Beinamen „der Bayer" trug, der aus den Erbansprüchen aus dem Besitz seiner Mutter in Bayern (Niederösterreich) abgeleitet wurde.

Widerad Abt zu Fulda
(1060 – 1075).
Widerad entstammte dem Geschlecht der Herren von Eppenstein. Sein Vorgänger und Verwandter, Siegfried von Eppenstein, wurde am 6. Januar 1060 zum Erzbischof von Mainz erhoben. Der Abt ist in die Annalen eingegangen, da er sich auf dem Reichstag von Goslar mit dem Bischof Hezilo von Hildesheim einen blutigen Streit über das Vorrecht lieferte, wer neben dem Erzbischof von Mainz sitzen darf.

Wilhelm Graf von Camburg
([?]: † 7. März 1116).*
Er war der Sohn des Grafen Gero von Brehna aus dem Hause der Wettiner und der Berta, Tochter des Grafen Syzzo von Schwarzburg. Wilhelm war mit Geva Gräfin von Seeburg verheiratet. Sie starben kinderlos und sind im Dom von Naumburg begraben.

Wilhelm von Lutisburg
(Anfang 40er Jahre 11. Jahrhundert; † [?]).*
Er war wohl der ältere Sohn des Cristin von Querfurt und der Hedwig von Gleiß. Er wurde namentlich von dem Annalista Saxo und in Brunos „Das Buch vom Sächsischen Krieg" für die Jahre 1067, 1073 und 1075 genannt. Wilhelm hatte seinen Stammsitz auf der Lutisburg in der Nähe von Lodersleben.

Wiprecht I.
(11. Jahrhundert).
Er war der Sohn des Grafen Wulf aus dem Hause der Grafen Arneburg. Kurz vor seiner Heirat trat er zum Christentum über und ließ sich taufen. Er heiratete Sigena die Tochter des Grafen Goswin von Leinungen.

Wiprecht II der Ältere
(um 1050; † 22. Mai 1124).*
Er war der älteste Sohn Wiprecht I. und dessen Gemahlin Sigena von Leinungen. In 1. Ehe (1086) war er mit Judith (* um 1065; † 1108), der Tochter des Königs Vratislav II. von Böhmen vermählt. Dieser Verbindung entsprangen die beiden Söhne Wiprecht III. der Jüngere und Heinrich Burggraf von Magdeburg. Ihre Tochter Bertha († 16. Mai 1144) war mit Dedo IV. Graf von Wettin (* um 1090 [?]; † 16. Dezember 1124) verheiratet. In seiner 2. Ehe (1110) verband er sich mit der 50-jährigen Witwe Kunigunde von Orlamünde († 08. Juni 1140). Diese ging mit ihm ihre dritte Ehe ein. Wiprecht starb am 22. Mai 1124 als Mönch.

Wiprecht III. der Jüngere von Groitzsch
(um 1088; † 27. Januar 1116).*
Er war der älteste Sohn des Grafen Wiprecht II. der Ältere von Groitzsch und der Jutta, Tochter des Königs Vratislav I. von Böhmen. Wiprecht III. heiratete im Jahre 1110 Kunigunde (* um 1090/95; † 8. Juni 1140), Tochter des Grafen Kuno von Northeim. Die Ehe blieb kinderlos.

Sühnekreuz bei Osterhausen

LITERATUR UND QUELLEN

Annalista Saxo, MGH SS VI, hrsg. v. G. Waitz, Hannover 1844.

Beschreibende Darstellung der älteren Bau- und Kunstdenkmäler des Mansfelder Gebirgskreises. Bearbeitet von Hermann Größler und Adolf Brinkmann, Halle a. d. S. 1893

Beschreibende Darstellung der älteren Bau- und Kunstdenkmäler des Mansfelder Seekreises. Bearbeitet von Hermann Größler und Adolf Brinkmann, Halle / S. 1895.

Beschreibende Darstellung der älteren Bau- und Kunstdenkmäler des Kreises Querfurt. Bearbeitet von Dr. Heinrich Bergner, Halle a. d. S. 1909.

Bienert, Thomas: *Mittelalterliche Burgen in Thüringen*, Wartberg Verlag 2000.

Blöthner, Alexander: *Wiprecht von Groitzsch und Kaiser Heinrich IV. Der Aufstieg eines Ritters im 11. Jahrhundert*, Jena 2008.

Burg Falkenstein. Herausgegeben von Boje E. Hans Schmuhl in Verbindung mit Konrad Breitenborn, Verlag Janos Stekovics 2006.

Busch, G. F.: *Chronik der Grafschaft Mansfeld*, Leimbach 1849.

Buttenberg, Fritz: *Die Schlacht am Welfesholz in Gerbstedter Flur- und Straßennamen*, in: Mansfelder Heimatkalender 1939.

Chronica. Historischer Bericht von der Alten und Löblichen Herrschaft Quernfurt in Sachsen, J. Cyriacum Spangenberg, 1590.

Chronik vom Petersberg (Cronica Montis Sereni) nebst der Genealogie der Wettiner (Genealogia Wettinensis) übersetzt und erläutert von Wolfgang Kirsch, fliegenkopf verlag, Halle 1996.

Cosmas von Prag: *Die Chronik Böhmens I und II*, Phaidon Verlag, Essen und Stuttgart 1987.

Das Welfesholz - Thiodute, Prof. K. Tuempel, Neustettin, in: Deutsches Adelsblatt, 54. Jg., Nr. 7, 8. Februar 1936, S. 203 f.

Dehio, G.: *Handbuch der deutschen Kunstdenkmäler* Sachsen-Anhalt II. Regierungsbezirke Dessau und Halle, München, Berlin 1999.

Delbrück, Hans: *Geschichte der Kriegskunst im Rahmen der politischen Geschichte.* Dritter Teil. Das Mittelalter, Berlin 1907.

Deutsche Geschichte. In Verbindung mit andern von L. Stacke, I. Band, Bielefeld und Leipzig, Verlag von Velhagen & Klasing, 1896.

Deutsche Geschichte in zwölf Bänden. Bd. 2, VEB Deutscher Verlag der Wissenschaften, Berlin 1983.

Dewitz, Robert: *Würdigung von Bruno's Liber de bello Saxonico im Vergleich mit den Annalen Lambert's von Hersfeld*, Offenburg 1881.

Die Fünf Ungleichen. Ein Museumsführer durch fünf Burgen und Schlösser im Süden Sachsen-Anhalts, Verlag „Die Fünf Ungleichen" 1994.

Deutsche Sagen. Herausgegeben von den Brüdern Grimm, Rütten & Loening, Berlin 1984.

Fenske, Lutz: *Adelsopposition und kirchliche Reformbewegung im östlichen Sachsen*, Vandenhoeck & Ruprecht, Göttingen 1977.

Franke, Eusebius Christian: ***Historie der Grafschaft Mansfeld, nebst einer genealogisch-historischen Beschreibung der mansfeldischen Grafen und Herren aller Stämme und Linien***, Leipzig 1723.

Geschichte der Welfen. Nach der Übersetzung von Georg Grandauer herausgegeben von Alexander Heine, Phaidon Verlag, Essen o. J.

Geschichte, Sage und germanischer Glaube um das Welfesholz, in: Der Wipperländische Heimatfreund. Monatliche Beilage zum Hettstedter Tageblatt, Nummer 5, Mai 1935, 12. Jg.

Giesebrecht (von), Wilhelm: ***Geschichte der deutschen Kaiserzeit.*** Dritter Band. Erste Abteilung, Braunschweig 1864.

Giesebrecht (von), Wilhelm: ***Geschichte der deutschen Kaiserzeit.*** Dritter Band. Zweite Abteilung, Braunschweig 1865.

Größler, Hermann: ***Ausflug nach Seeburg und Rollsdorf im Mansfelder Seekreis am 10. Juni 1893***, in: Mansfelder Blätter. Mitteilungen des Altertumsvereins der Grafschaft Mansfeld zu Eisleben, 13. Jg., 1899.

Größler, Hermann: ***Geschlechterkunde der Edelherren von Hakeborn***, in: Mansfelder Blätter, 4. Jg., 1890.

Größler, Hermann: ***Geschlechterkunde der Grafen von Mansfeld***, in: Mansfelder Blätter, 3. Jg., 1889.

Größler, Hermann: ***Geschlechterkunde der Grafen von Seeburg und der Edelherren von Lutisburg***, in: Mansfelder Blätter, 3. Jg., 1889.

Größler, Hermann: ***Zur älteren Geschichte von Bayer – Naumburg im Kreise Sangerhausen***, in: Mansfelder Blätter, 8. Jg. 1894.

Größler, Hermann: ***Sagen der Grafschaft Mansfeld und ihrer nächsten Umgebung.*** Gesammelt von Dr. Hermann Größler, Eisleben 1880.

Günther, Friedrich: ***Die Schlacht am Welfesholz***, in: Der Harz, Hannover, C. Meyer, 1888.

Halberstadt – Dom, Liebfrauenkirche, Domplatz. Von Peter Findeisen. Mit einem Beitrag von Adolf Siebrecht, Die Blauen Bücher, Königstein im Taunus 2005.

Handbuch der historischen Stätten Deutschlands. Elfter Band. Provinz Sachsen Anhalt, Herausgegeben von Dr. Berent Schwineköper, Alfred Kröner Verlag Stuttgart 1987.

Hartmann, Gerhard / Schnith, Karl (Hrsg.): ***Die Kaiser 1200 Jahre europäische Geschichte***, Marix Verlag , Wiesbaden 2006.

Hartung, Karl: ***Die Schlacht am Welfesholze am 11. Februar 1115 nach zeitgenössischen und späteren Berichten***, in: Mansfelder Blätter, 3. Jg., 1898.

Heine, Karl: ***Wiprecht von Groitzsch eine Heldengestalt des elften Jahrhunderts***, in: Mansfelder Blätter, 11. Jg. (1897), Eisleben.

Henricus de Hervordia: ***Liber de rebus memorabilioribus sive Chronicon***, hg. von August Potthast, Gottingae: Dietrich 1859.

Holtzmann, Robert: ***Sagengeschichtliches zur Schlacht am Welfesholz***, in: Sachsen und Anhalt, 10/1934.

Hoppe, Willy: ***Erzbischof Wichmann von Magdeburg***, in: Geschichtsblätter für Stadt und Land Magdeburg. Mitteilungen des Vereins für Geschichte und Altertumskunde des Herzogtums und Erzstifts Magdeburg, 44. Jg. 1909, 1. Heft, Magdeburg 1909.

Jahrbücher des Deutschen Reiches unter Heinrich IV. und Heinrich V. Von Gerold Meyer von Knonau.
Zweiter Band: 1070 bis 1077, Leipzig 1894.
Dritter Band: 1077 (Schluss) bis 1084, Leipzig 1900.
Vierter Band: 1085 bis 1096, Leipzig 1903.
Fünfter Band: 1097 bis 1106, Leipzig 1904.
Sechster Band: 1106 bis 1116, Leipzig 1907.
Siebenter Band: 1116 (Schluss) bis 1125, Leipzig 1909.

Jankowski, Günter: ***Mansfeld. Gebiet – Geschlecht – Geschichte.*** Zur Familiengeschichte der Grafen von Mansfeld, Luxemburg 2004-2005.

Konrad von Wettin und seine Zeit. Protokoll der Wissenschaftlichen Konferenz anlässlich des 900. Geburtstages Konrads von Wettin im Burggymnasium Wettin am 18. und 19. Juli 1998. Herausgegeben vom Landesheimatbund Sachsen-Anhalt e. V., Halle (Saale) 1999.

Korf, Ilse und Winfried: ***Burg Falkenstein.*** Geschichte - Baugeschichte - Museum, Staatliches Museum Burg Falkenstein, 1985.

Korf, Winfried: ***Walbeck. Reichshof – Kloster – Rittergut***, Verlag Dr. Bussert & Partner, Quedlinburg und Jena 1997.

Krantzii, Alberti: ***Rerum Germanicarum Historici Clariss. Saxonia***, Frankfurt am Main 1520 [Vom Autor wurde die Ausgabe von 1580 verwendet]

Krumhaar, Carl: ***Notizen zu Geschichte der Grafschaft Mansfeld.*** Manuskript für den Druck, Eisleben 1872. Historisches Stadtarchiv der Lutherstadt Eisleben. DXXXVII / 113.

Kühne, Hartmut: ***Der Harz und sein Umland - eine spätmittelalterliche Wallfahrtslandschaft?***, in: Spätmittelalterliche Wallfahrt im mitteldeutschen Raum. Beiträge einer interdisziplinären Arbeitstagung (Eisleben, 7. / 8. Juni 2002), hrg. v. Hartmut Kühne, Wolfgang Radtke und Gerlinde Strohmaier-Wiederanders. Mit einem Geleitwort von Stefan Rhein, Berlin 2002.

Laudage, Johannes: ***Die Salier. Das erste deutsche Königshaus***, Verlag c. H. Beck, München 2006.

Lötzke, Helmut: ***Die Burggrafen von Magdeburg aus dem Querfurter Hause***, Bad Langensalza 2005.

Luden, Heinrich: ***Geschichte des teutschen Volkes.*** Neunter Band, Gotha bei Justus Pesthes 1834

Lühne, Erhard: ***Zum Ort der Sachsen – Tagfahrt im Jahre 1073***, in: Zeitschrift für Heimatforschung. Hrsg André Gursky / Peter Lindner, Heft 12 (2003).

Mansfelder Heimatverein e. V., Heimatgeschichtliches Archiv. ***Daten zur Geschichte der Grafschaft Mansfeld.*** Zusammengestellt von Dr. Marion Ebruy, Nr. 45.

MONUMENTA GERMANIAE HISTORICA. Deutsches Mittelalter. Kritische Studientexte. 2. Brunos Buch vom Sachsenkrieg, neu bearbeitet von Hans-Eberhard Lohmann, Anton Hiersemann, Stuttgart 1980.

Morungen. Chronik der Gemeinde Morungen, Morungen 1999.

Neuß, Erich: ***Wanderungen durch die Grafschaft Mansfeld. Im Seegau***, Halle (Saale). Gebauer – Schwetschke Druckerei und Verlag AG 1935.

Nickel, Bodo: ***Von der Wormsleber Tagfahrt zur Schlacht am Welfesholz***, in: Mansfelder Heimatblätter, Kreis Eisleben, 1984

Schlenker, Gerlinde, Schellbach, Artur, Junghans, Wolfram: ***Auf den Spuren der Wettiner in Sachsen-Anhalt***, Verlag Janos Stekovics, Halle an der Saale 1999.

Schlenker, Gerlinde, Lehmann Gerd, Wille Manfred: ***Geschichte Anhalts in Daten***, Koehler & Amelang München / Berlin 1994.

Schlossers Weltgeschichte. Fünfter Band: Mittelalter II. 28. Auflage. Verlegt bei Neufeld & Henius, Berlin o. J.

Schmeißer, R.: ***Die Schlacht am Welfesholze***, in: Mansfelder Heimatkunde, Nr. 1 / 2, 6. JG., Eisleben 1931.

Schneider, Bernhard: ***Abt Arnold vom Kloster Berge und Reichskloster Nienburg (1119 – 1166) und die Nienburger – Magdeburgische Geschichtsschreibung des 12. Jahrhunderts***, in: Sachsen und Anhalt. Jahrbuch der Landesgeschichtlichen Forschungsstelle für die Provinz Sachsen und für Anhalt, Bd. 15, Magdeburg 19939.

Schröder, Otto: ***Theodor Körner***, in: Mansfelder Blätter, 9. Jg. (1895), Eisleben.

Spangenberg, Cyriakus: ***Ursach und Handelung des Sechsischen Krieges bei dem Welphesholz in der Herrschaft Mansfeld geschehen im Jahr M.C.X.V. den 11. Februarn. Zusammengebracht aus vielen alten gedruckten und geschriebenen Historien und monumenten durch M. Cyriacum Spangenberg.*** Gedruckt zu Wittenberg / durch Georgen Rhawen Erben, Anno 1555.

Timm, Albrecht: ***Wallhausen – eine vergessene Pfalz am Südharz***, in: Sachsen und Anhalt, Bd. 17.

UB der Klöster der Grafschaft Mansfeld, bearb. v. P. Krühne, in: Geschichtsquellen der Provinz Sachsen und angrenzender Gebiete, Bd. 20, Halle 1888.

Wäscher, Hermann: ***Die Seeburg am Süßen See***, in: Wissenschaftliche Zeitschrift der Universität Halle, 5 / 1955 / 1956, G, H.2.

Wäscher, Hermann: ***Feudalburgen in den Bezirken Halle und Magdeburg in zwei Bänden***, Berlin 1962.

Weber, Georg: ***Geschichte des Mittelalters.*** Vollständig neu bearbeitet von Prof. Alfred Baldamus, Fourier Verlag GmbH, Wiesbaden 2003.

Werner, Ernst: ***Zwischen Canossa und Worms. Staat und Kirche 1077 – 1122***, Berlin 1973.

Wigalois. Der Ritter mit dem Rade. Getihtet von Wirnt von Gravenberch. Heraus Gegeben von George Friederich Benecke, Berlin Reimer, 1819.

Wiprecht von Groitzsch. Sein Leben nach den Jahrbüchern des Klosters Pegau, Pegau 1994.

Wirnt von Grafenberg: ***Wigalois***, Text der Ausg. von J. M. N. Kapteyn. Übersetzt, erläutert und mit einem Nachwort versehen von Sabine Seelbach und Ulrich Seelbach, Berlin, New York 2005.

www.genealogie-mittelalter.de

Zander, Otto: ***Wanderversammlungen der Vereinigung für Heimatforschung im Mansfelder Lande.*** I. Schloß Seeburg und der Süße See, in Mansfelder Heimatkunde. 2 (1927), H. 3 / 4.

Zur Geschichte des Welfesholz, in: Sonderheft 2002/3 zum Monatsblatt der Freimaurerloge, Zu den Fünf Türmen am Salzquell, im Or. Halle.

Sühnekreuz, Pfalzgraf Friedrich III.

Impressum

1. Auflage	2010
Herausgeber	Förderverein für Kultur und Brauchtum im Mansfelder Land e. V.
Lektorat	Anja Lauenroth B.A.
Kartographie	Bernd Kellermann, Steffen Schneider, Manfred Kosnopfl
Layout und Druck	Schäfer Druck & Verlag GmbH Köchstedter Weg 3 06179 Langenbogen Telefon: (034601) 2 55 19 Fax: (034601) 2 55 20 E-Mail: schaeferdruck@web.de Internet: www.schaefersdv.de
Fotos / Abbildungen	Marion Ebruy Norbert Göpel Hartmut Lauenroth Jürgen Lukaschek Steffen Schneider Marion Schwede
Buchbinderei	Marré, Teicha
Copyright	Nachdruck (auch auszugsweise) nur mit vorheriger schriftlicher Genehmigung des Verlages.

Für Berichtigungen, Ergänzungen und Aktualisierungen ist der Herausgeber jederzeit dankbar.

Der Herausgeber bedankt sich insbesondere beim Land Sachsen-Anhalt für die gewährte Unterstützung bei der Herausgabe des historischen Reiseführers „Die Sachsenkriege unter Heinrich IV./V.“